Volkswirtschaftliche und wirtschaftsgeschichtliche Abhandlungen

herausgegeben von

Wilhelm Stieda

o. ö. Professor der Nationalökonomie in Leipzig

III. Folge Heft 11

Landwirtschaftliche Besitzverteilung und Besitzverschiebung in Altbayern

Mit einem Anhang:
Die Güterzertrümmerungsstatistik in Deutschland und Österreich

Von

Dr. Burkhard Rabel

Mit einer farbigen Karte

Leipzig
Verlag von Veit & Comp.
1915

Volkswirtschaftliche und wirtschaftsgeschichtliche Abhandlungen

herausgegeben von

Wilhelm Stieda

o. ö. Professor der Nationalökonomie in Leipzig

III. Folge Heft 11

Landwirtschaftliche Besitzverteilung und Besitzverschiebung in Altbayern

Mit einem Anhang:
Die Güterzertrümmerungsstatistik
in Deutschland und Österreich

Von

Dr. Burkhard Rabel

Mit einer farbigen Karte

Leipzig
Verlag von Veit & Comp.
1915

Druck von Metzger & Wittig in Leipzig.

Inhalt.

I.

Altbayern.

Unter Altbayern versteht man die drei Regierungsbezirke Bayerns: Oberbayern, Niederbayern und die Oberpfalz. Der Volksstamm der Bayern reicht über dieses Gebiet hinaus in österreichisches Land hinüber, wie auch schon das älteste Herzogtum Bayern unter den Agilolfingern über die drei Provinzen hinausreichte.

Die Westgrenze des Agilolfingischen Herzogtums deckte sich in der Hauptsache mit der des heutigen Altbayern. Sie war bezeichnet durch das Fichtelgebirge, den Jura und den Lech. Aber nach Süden schob sie sich weit über den Nordrand der Alpen hinunter. Tirol, Steiermark und Kärnten umschloß sie noch. Karl der Große gründete die Ostmark als bayrisches Kolonisationsgebiet, so daß die Ostgrenze bis gegen Wien reichte.

Im Laufe der Zeit wurden einzelne Teile selbständig und von Bayern abgetrennt. Kärnten 995, die Ostmark 1156, die Steiermark 1180, Tirol 1363.

1329, im Hausvertrag von Pavia, war auch die Oberpfalz von Bayern abgetrennt worden. Als aber 1628 Kurfürst Maximilian I. wieder mit der Oberpfalz belehnt und im westfälischen Frieden in deren Besitz belassen wurde, hatte das Herzogtum die Gestalt des jetzigen Altbayern.

Die Donau scheidet Altbayern in eine nördliche und eine südliche Hälfte, so, daß die Oberpfalz fast ganz in der nördlichen, Oberbayern fast ganz in der südlichen liegt, während Niederbayern in zwei Teile geteilt wird. Und nicht nur geographisch, auch wirtschaftlich bildet die Donau eine ziemlich scharfe Grenze.

Die südliche Hälfte wird gebildet durch die schwäbisch-bayrische Hochebene. Diese senkt sich von den Alpen her zur Donau herab. Die Alpen schieben ihre Ausläufer nach Norden in die Ebene vor, so daß ganz Oberbayern und der südliche Teil von Niederbayern von leichten Bodenwellen durchzogen ist. Erst wenig von der Donau entfernt verlieren sie sich ins Flachland, so daß sich dem rechten Donauufer entlang eine nur wenige Kilometer breite Ebene durch Niederbayern zieht. Sie beginnt bei Regensburg und endet unterhalb Deggendorf. Ihr Mittelpunkt ist Straubing. Weit und flach zieht sie dahin, ohne das belebende Bild kleiner Flüsse, ohne Wald, ohne nennenswerte Wiesenstrecken; nur Getreideboden. Es ist eine Freude, vor der Ernte auf diese Fläche zu blicken. Weiß und heiß liegt sie in der Sonne, eine schaukelnde See von Halmen, von Straßen durchschnitten, mit Dörfern übersät. Ein Bild, dem jede romantische Schönheit mangelt, das aber das Gepräge des Reichtums an sich trägt. Dieses kleine Gebiet ist der „Gäuboden“, der zu den fruchtbarsten Getreideböden Deutschlands zählt.

Aus der Donauebene heben sich langsam leichte Hügelketten und laufen nach Süden. In Niederbayern tragen sie noch sehr sanften Charakter. Wo ein Fluß oder ein Bach zur Donau oder zum Inn fließt, da begleiten sie ihn an beiden Seiten bis zur Mündung und bilden eine weiche, breite Mulde. So entstehen wiederum fruchtbare Talsenken, deren Böden oft höher im Preise stehen als im Gäuboden. Denn sie sind vielseitiger. In der Talsohle ist die Möglichkeit einer reichen Wiesenkultur, an den Höhen steht Wald, wenn auch nicht sehr viel, und als Getreideboden steht das Gebiet dem Gäuboden kaum nach. So gehören das Vilstal, das Rottal in Niederbayern zu den besten Gegenden, und an den Flüssen hinab, wie an Fäden aufgereiht, steht ein großes Pfarrdorf nach dem andern.

Nach Süden, den Alpen entgegen, wird das Hügelland immer rauher. Die Güte des Getreidebodens nimmt ab, die Forst- und Weidewirtschaft nimmt zu und verbindet sich im Gebirge mit Alpenwirtschaft.

Im allgemeinen zeichnet sich der südliche Teil durch Fruchtbarkeit aus, im Gegensatz zum nördlichen. Überschreitet man die Donau nach Norden, so ändert sich das Bild durchaus. Hier erheben sich schroff aus der Ebene der bayrische Wald und Böhmerwald bis 1500 m.

Statt eines Getreidelandes ein Holzland. Statt reicher Dörfer armselige Hütten. Von den 150000 ha Wald, die das Gebirge trägt, das seinen Hauptnutzen darstellt, ist ein großer Teil Eigentum des Staates. Die Bevölkerung ist auf eine mühevolle und wenig ertragreiche Landwirtschaft angewiesen. Die Armut des Bodens verweist vor allem auf Wiesen- und Weidewirtschaft, ohne daß sich der bayrische Wald jedoch durch Viehzucht eine wirtschaftliche Bedeutung hätte erringen können, wie etwa das bayrische Hochgebirge.

Auch die Oberpfalz ist ein wenig fruchtbares Land; sie wird von Nord nach Süd mitten durchzogen von der Naab, die im Fichtelgebirge entspringt und bei Regensburg in die Donau mündet. Das Tal der Naab zieht sich zwischen dem fränkischen Jura und dem bayrischen Wald hin, deren Ausläufer die ganze Oberpfalz überziehen.

Altbayern ist noch heute ein durchaus agrarisches Gebiet. Es umfaßt 3747885 ha Fläche und 2715154 Einwohner. Es treffen demnach vier Menschen auf 5,48 ha. Die Dichtigkeit ist jedoch in den drei Regierungsbezirken nicht gleich. Es ergeben sich für die einzelnen Kreise folgende Zahlen:

Oberbayern . . . . 1704653 ha, 1434792 Einw.
4 Menschen auf 4,80 ha.
Niederbayern . . . . 1076756 ha, 702450 Einw.
4 Menschen auf 6 ha.
Oberpfalz . . . . 966476 ha, 577912 Einw.
4 Menschen auf 6,40 ha.

Die auffallend höhere Dichtigkeit Oberbayerns erklärt sich dadurch, daß München bei der Berechnung nicht ausgeschaltet werden konnte.

Das Prozentverhältnis der ackerbautreibenden Bevölkerung zur Gesamtbevölkerung in den drei Kreisen war nach der Statistik der letzten Jahrzehnte folgendes:

	Oberbayern	Niederbayern	Oberpfalz
1882	61,3 %	66,9 %	63,0 %
1895	58,2 %	67,2 %	62,7 %
1907	62,7 %	65,6 %	59,7 %

Am meisten agrarisch ist Niederbayern, was durch dessen besondere Fruchtbarkeit wohl begründet ist. Es hat seinen Charakter ziemlich gewahrt. Dagegen geht im Norden wie im Süden Altbayerns eine Entwicklung zu Industrie und Handel vor sich, die dem dortigen Wirtschaftsleben ein wesentlich anderes Gepräge gibt.

Am frühesten wurde Oberbayern von dieser Entwicklung erfaßt. Es steht mit einer Gesamtbevölkerungsvermehrung von 23,3 % (1882 bis 1895) und 21,5 % (1895—1907) an erster Stelle in Bayern. Hier setzt schon 1882—1895 eine bedeutende Wendung ein. Die Landwirtschaft nahm trotz der starken Volksvermehrung nur 2,7 % zu, während Gewerbe und Industrie 39,1 %, der Handel 53,8 % zunahmen. Bis 1907 hält diese Bewegung an, wenn auch die absolute Vermehrung der Agrarbevölkerung auf 5,1 % steigt und die höchste Vermehrung in ganz Bayern aufweist. Mag auch widerum die Entwicklung Münchens auf diese Zahlen großen Einfluß haben, so steht doch fest, daß sie nicht ausschließlich durch diesen Einfluß zu erklären sind.

Langsamer und zäher wendet sich die Oberpflaz dieser Entwicklung zu. 1882—1895 ist sie noch kaum zu spüren. Der Ackerbau bleibt auf seinem Stande (+ 0,1 %), die Zunahme der Industrie um 2,6 % ist nicht nennenswert und auch die Vermehrung der Handelsbevölkerung um 12,3 % steht in Bayern an letzter Stelle und entspricht nicht dem Bedürfnis, das in einem so wenig fruchtbaren Lande wie in der „Steinpfalz", wie sie im Volksmunde heißt, für den Übertritt zum Gewerbe vorhanden ist. Erst in der zweiten Periode tritt hier der Umschwung kräftiger ein. Die Landwirtschaft geht zurück (— 1,2 %), die Industriebevölkerung steigt um 15,8 %, der Handel gewinnt 30,3 %. Man darf wohl annehmen, daß die Oberpfalz 1907 erst am Beginn dieser Bewegung stand.

Es ist für das wirtschaftliche Verständnis sicher von hoher Bedeutung, den Charakter der Menschenklasse zu kennen, die Wirtschaftssubjekt ist. Betrachtet man die altbayrische Bauernbevölkerung, so wird man wohl auch hier die Donau als Grenzlinie annehmen dürfen, die kleine, aber immerhin merkbare Unterschiede des Volkscharakters scheidet. Zunächst darf und muß ehrlich festgestellt werden: die Redensart vom „biederen Bäuerlein" ist eine Phrase. Und das ist durchaus nicht unverständlich. Eine Bevölkerungsschicht, die ein

Jahrtausend versklavt und geknechtet war, wird sich nicht sofort nach ihrer Befreiung durch ein besonders offenes Wesen auszeichnen. Unfreiheit verdirbt den Charakter, und die Schuld daran trägt nicht der Knecht, sondern wer ihn knechtet.

Wir haben es hier mit dem Volkscharakter nur soweit zu tun, als er sich im Wirtschaftsleben äußert. Und in wirtschaftlicher Hinsicht ist wohl die hervorstechendste Eigenschaft des Bauern überhaupt (nicht nur des altbayrischen) Mißtrauen. Mißtrauen gegen den Staat und dessen Behörden, Mißtrauen gegen jeden Nicht-Bauern, Mißtrauen sogar gegen seinesgleichen, Mißtrauen auch gegen die Wissenschaft, die ihm in seinem eigenen Interesse mit gutem Rat an die Hand gehen möchte. Dieses Mißtrauen hat seine Ursache zum Teil, wie erwähnt, in der Geschichte des Bauernstandes, zum Teil auch in seiner Rückständigkeit. Als die Maschinentechnik die neue Zeit brachte, wurden zwei von den drei Hauptständen: Handel und Gewerbe, von Grund aus aufgewühlt. Sie wurden aus ihrem Biedermeiertum herausgerissen und gezwungen, sich den geänderten Bedingungen anzupassen. Währenddessen blieb die Bauernschaft tief in der Vergangenheit stecken. Die Hatz des modernen Lebens riß sie nicht mit hinein in ihren Strudel. Sie blieb daneben stehen. Trotzdem fühlt sie jetzt die neue Zeit und ihre Wirkungen. Aber sie ist ihr fremd, sie versteht sie nicht, sie fühlt sie sich überlegen. Und aus diesem Gefühl der Unsicherheit entspringt das tiefe Mißtrauen, das dem Bauernstand im politischen und wirtschaftlichen Leben anhaftet.

Auf dieses Mißtrauen gründet sich der zähe Konservatismus des Bauern. Der Bauer hat die Überzeugung, daß eine Neuerung nichts taugt, weil er rein empirisch denkt. Nur was sich bewährt hat, gilt bei ihm. Rein abstrakt einen zukünftigen, voraussichtlichen Vorteil zu berechnen, vermag er nicht. Daher ist er mißtrauisch gegen alles, was sich erst bewähren soll. Und der Trugschluß, auf dem sich der bäuerliche Konservatismus gründet, ist etwa der: wäre eine Neuerung wirklich gut, so wäre sie bereits eingeführt.

Es ist in dieser Hinsicht in den letzten Jahrzehnten vieles besser geworden. Aber immer noch steht einem gesunden Fortschritt der gänzliche Mangel an Unternehmungsgeist entgegen. Keiner will der erste sein, der etwas Neues einführt; jeder wartet, ob es nicht der Nachbar zuerst versucht, damit er die Gewißheit hat, ob es sich bewährt. So geht keiner einen Schritt vorwärts. Daraus ergibt sich, daß Mustergüter eine notwendige Ergänzung der Wanderlehrer sind. Eine Forderung, die sich praktisch vielleicht von selbst erfüllt, weil sich doch hie und da ein Bauer findet, der den ersten Schritt zu unternehmen wagt.

Die Kehrseite dieses Mißtrauens ist eine gewisse Listigkeit, die sogenannte „Bauernschläue“. Schläue aber ist kein Vorzug des Geistes, sondern häufig ein Mangel des Charakters.

Auffallend am altbayrischen Bauern ist seine Freude am Vergnügen, die mit der mehr heiteren, phantasievollen Veranlagung des süddeutschen Volksschlages zusammenhängt. Niemand hat so viele

Feiertage wie der süddeutsche Bauer, auch die katholische Kirche nicht. Denn neben den kirchlichen Feiertagen existieren noch sogenannte „Bauernfeiertage“, an denen kein Dienstknecht unter normalen Verhältnissen zur Arbeit zu bewegen ist. Dazu kommen sehr viele Volksfeste, Pferderennen und dergleichen, besonders südlich der Donau. Sie sind meist mit kleinen landwirtschaftlichen Ausstellungen verbunden, doch handelt es sich dabei zweifellos in erster Linie um das Vergnügen und die Befriedigung der Schaulust. Diese Freude an Festen hat ihren Grund in sich selbst, keineswegs in der Unlust an der Arbeit. Trotz allem bewirtschaftet die Bevölkerung den Boden mit großem Fleiß. Ihre Arbeit ist zäh und beharrlich, wie ihre ganze Art.

Die Bevölkerung ist im südlichen Teile wohlhabend, wenn auch nicht reich. Aufdringliche soziale Gegensätze sind nicht festzustellen, wenn auch der „große Bauer“ mit etwas taktlosem Mitleid auf den kleinen Söldner herabzublicken pflegt.

Anders verhält es sich in der nördlichen Hälfte, besonders im bayrischen Wald. Hier ist wertvoller Wald, jedoch der Waldboden gehört zumeist den Besitzern größerer Flächen, so daß der minderwertigere Boden den Parzellenbesitzern zufällt. Dadurch verschärft sich der Gegensatz zwischen Groß- und Kleinbesitz. Jedoch kommt es nicht zum Ausdruck, denn die Bevölkerung ist hier dumpfer, fatalistischer als in der bayrischen Hochebene. Als in den 90er Jahren die Bauernbundbewegung um sich griff, da loderte es in Oberbayern und im südlichen Niederbayern heftig auf. Im bayrischen Wald aber und in der Oberpfalz blieb es viel stiller.

Neben der Beschaffenheit des Bodens, neben dem Charakter der Bevölkerung ist zweifelsohne die Frage nach der Besitzverteilung besonders wichtig, will man sich ein Bild von den wirtschaftlichen Zuständen eines agrarischen Gebietes machen. Zugleich ist die Frage über die agrarischen Kreise hinaus von hohem Interesse.

In den Verhandlungen des Vereins für Sozialpolitik, 1886, sagte Gustav Schmoller: „.....Nach meiner Überzeugung kann der Einfluß der Grundbesitzverteilung auf die ganze soziale Gliederung, auf das ganze Wohlbefinden der Nation, auf die politische und sonstige Verfassung, auf die Gemeindeverfassung, auf die ganzen gewerblichen Zustände, die Lebenshaltung aller Klassen gar nicht überschätzt werden; es gibt keinen Umstand von der Bedeutung für das Volk, wie die Verteilung des Grundeigentums.“

Und so stellen wir uns zunächst die grundlegende Frage: Wie ist die Grundbesitzverteilung in Altbayern beschaffen? Welche Richtung hat ihre Entwicklung inne?

II.

Die Grundbesitzverteilung und ihre jüngste Entwicklung.

Hat man sich die Wichtigkeit der Frage nach der Grundbesitzverteilung klar gemacht, so muß es wundernehmen, daß die Statistik eines so agrarischen Gebietes wie Bayern auf diese Frage keine Antwort gibt. Bayern hat nur eine Betriebsstatistik. Sie erforscht Zahl, Größe und Art der Betriebe, sowie das Verhältnis des wirtschaftenden zum bebauten Boden. Die Frage nach Eigentümer und Eigentum fehlt. Der Grund hierfür ist, daß die bayrische Betriebsstatistik im allgemeinen geeignet ist, auch ein Bild des Besitzstandes zu geben. Denn 95,1 % des Bodens ist in Bayern Eigentum des darauf Wirtschaftenden; in Altbayern ist der Prozentsatz sogar noch höher, am höchsten in Niederbayern mit 97,5 %. Freilich bleiben trotzdem viele Fragen durch den Mangel einer Besitzstatistik unbeantwortet, gerade in der Erforschung des vorhandenen Großgrundbesitzes. Denn hier verschiebt sich das Bild am meisten. Im Großgrundbesitz ist am meisten verpachtet, er wird häufig in mehreren getrennten Gütern bewirtschaftet. Aber auch die Frage nach dem Eigentümer brächte manche erwünschte Aufklärung. Ist es Privatbesitz oder Fideikommiß? Wieviel Grundbesitz trifft auf Klöster, auf Kirchenstiftungen und Pfründen?

Großenteils ist diese Lücke ausgefüllt durch die Fideikommißstatistik. Fideikommissarisch gebundener Boden befand sich in Altbayern 1909 100325 ha, und zwar:

Oberbayern	38756 ha = 2,3 %	der Gesamtfläche
Niederbayern	26106 ha = 2,4 %	„ „
Oberpfalz	35463 ha = 3,7 %	„ „

Im Bistum Passau wird zurzeit auf Anordnung des Ordinariates eine statistische Erhebung des landwirtschaftlichen Pfründebesitzes gemacht, deren Resultate nächstens erscheinen sollen. Durch das sehr freundliche Entgegenkommen des Bearbeiters dieser Statistik, des Herrn Benefiziaten Josef Windhager in Rottalmünster war es mir möglich, die Zahlen vor der Veröffentlichung zu bekommen und ich führe sie hier an, da sie wohl als typisch für ganz Altbayern gelten dürfen.

Pfründe ist strengrechtlich das mit einem Pfarramte oder einem Benefizium verbundene Einkommen. Im Sinne dieser Statistik aber ist Pfründe „aller Grundbesitz, dessen Nutznießung zum Einkommen einer kirchlichen Berufsstelle gehört". Die Wirtschaftsführung des Pfründebesitzers steht unter Kuratel der kirchlichen, in erster Linie aber der staatlichen Obrigkeit. Dies äußert sich praktisch darin, daß jede Besitzveränderung (Kauf, Verkauf, Verpachtung) nur mit staatlicher und kirchlicher Genehmigung geschehen kann. Den wirtschaftlichen Vorteil aus diesem Pfründebesitz zieht der Staat, denn er ist berufen, den Geistlichen zu besolden. Der Gehalt ist aber um so geringer, je größer der mit dem Amte verbundene Grundbesitz ist.

Das Bistum Passau umfaßt insgesamt 545625 ha und liegt zum größten Teile innerhalb Niederbayerns. Landwirtschaftstreibende Geistliche enthält das Bistum 141. Diese verfügen über 7995,43 Tagewerk Grund[1]. Somit trifft auf eine derartige Pfründe im Durchschnitt 56,74 Tagewerk = 19 ha. Dies entspricht einem mittleren, jedoch schon sehr ansehnlichen Bauernhof. Der größte Besitz ist 65,6 ha und mißt sich mit den größten Bauernhöfen. Bei der Berechnung dieser Zahlen sind die Hausgärten weggelassen. Zieht man diese mit in Rechnung, so vermehrt sich die Fläche um 243,31 Tagewerk, die mit Grundbesitz verbundenen Stellen um 196. In Hektar ausgedrückt ist demnach der gesamte landwirtschaftlich benutzte Grund 2806,96 ha, verteilt auf 337 Stellen. Damit ergibt sich ein durchschnittlicher Besitz von 8 ha. Das entspricht der Durchschnittsgröße eines niederbayrischen Gutes (8,24 ha) nach der amtlichen Statistik, die auch Hausgärten als landwirtschaftlichen Betrieb auffaßt.

Beurteilt man den Pfründebesitz vom wirtschaftlichen Standpunkte aus, so ist dagegen einzuwenden, daß der natürliche und beste Besitzer eines bäuerlichen Gutes die Familie ist. Erstens weil der Boden soviel Menschen aufnehmen soll, als er kann. Zweitens, weil die Familie dem Boden eine viel höhere eigene Arbeitskraft entgegenzustellen hat, als ein einzelner geistlicher Herr, der sein Gut ausschließlich mit Dienstpersonal bewirtschaften muß. Dabei spreche ich keineswegs jenem unklugen Ausbeuten jugendlicher Arbeitskraft das Wort, das in unseren Bauernfamilien Sitte geworden ist. Das ist eine Art Raubbau an menschlicher Arbeitskraft, der zur Degeneration führt, wie schon heute bei Rekrutenaushebungen festgestellt wird.

Der obige Einwand gegen den Pfründenbesitz ist prinzipiell zu machen. Praktisch jedoch verliert er an Bedeutung in Anbetracht der geringen Zahlen. 63 % des gesamten Flächeninhaltes von Niederbayern ist landwirtschaftlich benutzter Grund. Nach einer Analogierechnung enthält das Bistum Passau 343743,75 ha landwirtschaftlich benutzten Grund. Somit ergibt der gesamte Pfründebesitz 0,8 % der landwirtschaftlich benutzten Fläche.

Über den Grundbesitz von Kirchenstiftungen und kirchlichen Korporationen existiert keine Statistik. Soviel jedoch ist sicher, daß durch diesen ebensowenig, wie durch den Grundbesitz der Pfründe oder der Fideikommisse der Charakter der altbayrischen Landwirtschaft irgendwie beeinflußt wird. Das Charakteristische an dieser sind nicht die genannten Arten Grundbesitz, sondern das kleine und mittlere Bauerngut.

Das Vorherrschen des Bauerngutes hat zwei Gründe. Der erste liegt in der Entwicklung der Agrarverfassung. Altbayern nimmt hier

[1] Die Zahlen sind gleich der amtlichen Statistik mit Ausschluß des Gebäudeareals berechnet. Jedoch ist im Gegensatz zur amtlichen Statistik das Ödland mitberechnet. Kleine Abweichungen dieser Zahlen von der späteren Veröffentlichung mögen sich dadurch ergeben, daß die Statistik einstweilen noch sämtliche Veränderungen registriert, so daß sie bei ihrer Vollendung das Bild eines etwas späteren Termins wiedergeben wird, als die hier angeführten Zahlen.

mit einigen Landstrichen Mitteldeutschlands eine Ausnahmestellung ein. Wiewohl hier die Grundherren meist eigene Landwirtschaft betrieben und der Bauer nicht nur zu Abgaben und Zinsen, sondern auch zu Dienstleistungen an den Herrenhof verpflichtet war, so war doch jene Entwicklung nicht eingetreten, die in Nordostdeutschland zum Großgrundbesitz geführt hat. Die persönliche Dienstespflicht war nur gering, ohne jedoch, wie im übrigen Süddeutschland, ganz ausgefallen zu sein. So blieb den Bauern Zeit für sich selbst. Demgemäß waren sie auch mit einem Gute ausgestattet, das dieser Arbeitszeit entsprach. Das Obereigentum des Grundherrn machte sich geltend in Zinsen und den „unständigen" Abgaben, die bei Besitzveränderungen, Heirat, Vererbung usw. zu entrichten waren. Mit der Bauernbefreiung ging das „Pachtgut" in das freie Eigentum der Bauern über.

Diese Entwicklung der Agrarverfassung verhinderte einerseits das Entstehen von Großgrundbesitz. Daß sich andererseits der Grund nicht in kleine Parzellenbetriebe auflöste, hat seine Begründung in der Entwicklung des Erbrechts. Lange herrschte allerdings in Altbayern Realteilung. 1672 erhielt der Adel das Sonderrecht, den Grundbesitz an den erstgebornen Sohn zu vererben. Unter Maximilian III. Joseph wurde dieses Sonderrecht 1756 verallgemeinert und seit dieser Zeit ist die geschlossene Vererbung des Gutes auf einen Nachfolger die Regel bis heute. Dadurch blieben die Bauernhöfe in ihrer Größe erhalten und zersplitterten nicht, wie etwa in der Pfalz oder in Franken.

Damit ist die historische Voraussetzung für das Gesamtbild der Grundbesitzverteilung gegeben. Erst 1882 setzt eine genaue statistische Erhebung ein, die es ermöglicht, in dem rohen Gesamtbild die einzelnen Züge zu erkennen und von hier ab läßt sich die Entwicklung der Betriebsverteilung in allen Einzelheiten bis 1907 verfolgen.

Der Stand 1882. Die Durchschnittsgröße eines Gutes beträgt 8,5 ha. Diese Zahl, die nach den Angaben der amtlichen Statistik berechnet wurde, ist etwas zu niedrig. Die amtliche Statistik versteht unter „landwirtschaftlichem Betrieb" jede Bewirtschaftung eines, wenn auch noch so kleinen und unbedeutenden Grundstücks. Dadurch werden kleine, nebensächliche Hausgärten, Straßenhänge usw. in die Statistik mit verarbeitet, die mit Recht in landläufigem Sinne nicht als „landwirtschaftlicher Betrieb" gelten. Die Zahl der Betriebe erhöht sich dadurch sehr stark, die Fläche nicht nennenswert, so daß die Durchschnittsgröße des Betriebes nicht unbeträchtlich sinkt. Wie weit, das läßt uns annähernd die angeführte Pfründestatistik erkennen, wo der Durchschnitt für wirkliche „landwirtschaftliche Betriebe" 19 ha, mit Hinzuziehung der Hausgärten jedoch nur 8 ha ausmacht. Wir halten uns hier jedoch an die amtlich festgestellten Zahlen.

Für die drei Regierungsbezirke ist die Durchschnittszahl nicht unwesentlich verschieden. Die Zahlen sind für:

Oberbayern	9,3 ha
Niederbayern	8,2 „
Oberpfalz	7,9 „

Der Unterschied zwischen Oberbayern und Oberpfalz ist vor allem ins Auge zu fassen; denn in ihm drückt sich der Unterschied zwischen dem Gebiet nördlich und südlich der Donau aus. Jeder der beiden Kreise hat einen mehr einheitlichen Charakter, während Niederbayern in zwei Teile zerfällt: Ebene und Gebirge. Der bayrische Wald steht unter dem Durchschnitt der Oberpfalz (ca. 7 ha), die Ebene unter dem Durchschnitt Oberbayerns (ca. 8,5 ha).

In Oberbayern ist es vor allem ein breiter Streifen Land der Isar entlang (die Umgebung Münchens), wo die Durchschnittsgröße eines Betriebes 10 ha übersteigt. Die höchste Zahl ergibt sich um Starnberg und Wolfratshausen. Wo die Isar Niederbayern betritt, vermindert sich die Größe. Nur Vilsbiburg in Niederbayern, das sich im fruchtbaren Vilstal entlang erstreckt, gehört noch in diese Zone. Sonst kommt diese Durchschnittsgröße in keinem Bezirksamte Altbayerns mehr vor mit Ausnahme Straubings, das den Mittelpunkt des Gäubodens bildet. Hier ist mit 12,9 ha die höchste Durchschnittsziffer erreicht.

Die in den Bezirksämtern meist vertretene Durchschnittsgröße ist 7,5—10 ha; besonders im Osten und Westen Oberbayerns, im südlichen Teile Niederbayerns und in der ganzen Oberpfalz.

Der geringste Durchschnitt ergibt sich in den Gebirgen. Der gesamte bayrische Wald steht im Durchschnitt unter 7,5 ha. Ferner gehört hierher ein ganz schmaler Streifen Land, der die Donau oberhalb Regensburgs schräg schneidet und zugleich die drei Kreise berührt. Der Mittelpunkt ist Kelheim in Niederbayern. Doch zieht sich der Streifen mit dem Bezirksamt Stadtamhof in die Oberpfalz und mit Pfaffenhofen nach Oberbayern hinein. Den geringsten Durchschnitt finden wir im südwestlichen und südöstlichen Winkel Altbayerns, in den Gebirgsbezirken Garmisch (6,2 ha) und Berchtesgaden (5,4 ha).

Die gesamte landwirtschaftliche Fläche in Altbayern ist 2775415 ha; davon sind 2119677 ha landwirtschaftlich benutzt in 248054 Betrieben.

Das kleine und mittlere Bauerngut (2—20 ha) hat daran den größten Anteil, und zwar in

Oberbayern	58,2 % der Betriebe	= 49,8 %	der Fläche
Niederbayern	57,1 % „ „	= 52,8 %	„ „
Oberpfalz	59,0 % „ „	= 55,8 %	„ „

Es lohnt sich der Mühe um eines Vergleiches mit dem Stande des Jahres 1907 willen, den Anteil des kleinen und mittleren Bauerngutes im einzelnen zu betrachten. Das Bild ist im Jahre 1882 noch sehr eintönig. Altbayern zählte damals 63 Bezirksämter. Davon war in 32 Bezirksämtern der Anteil dieser Größengruppe an der Anzahl der Betriebe 50—60 %, in 22 Bezirksämtern 60—65 %, somit in 54 von 63 Bezirksämtern zwischen 50 und 65 %. Weniger war diese Größengruppe vertreten in drei Bezirksämtern (Viechtach im bayrischen

Wald, Mühldorf und Tölz in Oberbayern). Größer war der Anteil nur in Oberbayern, und zwar 65—70 % in vier, mehr als 70 in zwei Bezirksämtern. Es läßt sich folgende Tabelle aufstellen.

Das kleine und mittlere Bauerngut ist vertreten

mit % der Betriebe	in % der Bezirksämter
unter 50 %	4,76 %
50—60 %	50,80 %
60—65 %	34,92 %
65—70 %	6,35 %
über 70 %	3,17 %.

Diese Zahlen erhalten hauptsächlich erst Wert durch einen Vergleich mit dem Stande von 1907.

Der Großbetrieb über 100 ha überschreitet an Ausdehnung 0,2 % der Betriebe und 3,2 % der landwirtschaftlich benutzten Fläche nicht. In Niederbayern beträgt er nur 1,3 % der Fläche. Wichtiger ist die Frage nach dem großbäuerlichen Betrieb. Er beträgt in

Oberbayern	13,0 % der Betriebe	= 45,0 %	der Fläche
Niederbayern	11,1 % „ „	= 42,8 %	„ „
Oberpfalz	9,9 % „ „	= 37,6 %	„ „

Es ist vor allem die Umgebung Münchens, dem Laufe der Isar entlang, wo der großbäuerliche Betrieb einen großen Raum beansprucht (16—19,5 % der Betriebe). Wo die Isar Niederbayern betritt und im Gäuboden nimmt die Häufigkeit des großen Bauerngutes etwas ab, seine Durchschnittsgröße dagegen zu (12—15 % der Betriebe, 50 bis 53 % der Fläche). Um Straubing, dem Mittelpunkte des Gäubodens, erreicht der großbäuerliche Betrieb 58,8 % des benutzten Bodens. Auch in dem zum großen Teil niederbayrischen Gebiet der Rott ist das mittlere Gut vom großbäuerlichen und Parzellengut zurückgedrängt. Am geringsten ist der großbäuerliche Besitz naturgemäß im bayrischen Wald und in den Gebirgsgegenden Oberbayerns (2—8 % der Betriebe). Eine Ausnahme bildet der sogenannte „Isarwinkel" (Bezirksamt Tölz). Dort ist die Betriebsverteilung ähnlich wie im Rottal, wiewohl die Betriebsweise hier gänzlich verschieden ist[1]. Der

[1] In den Verhandl. d. histor. Vereins für Niederbayern 1909, Bd. 45, findet sich ein Aufsatz: „I. B. Schöffmann, Die Osterholzer, eine alte Bauersfamilie im Rottale bei Bocking". Darin vergleicht der Verfasser den Besitzstand dieses Hofes mit dem in seinem Vaterhaus im Isarwinkel (Lengries), das ebenfalls ein alter Bauernhof ist. Da die Betriebsweise in beiden Höfen typisch ist, seien die Zahlen hier angeführt. Osterholzen: 167 Tagwerk, davon 8 Tagwerk Wald, 6 Tagwerk Weide, 19 Tagwerk Wiese und Garten, 134 Tagwerk Äcker. Viehbestand: 30 Stück Rindvieh, 12 Pferde, 30—40 Schafe, 10—12 Schweine. — Hinterschömmerhof Lengries: 500—600 Tagwerk, davon ca. 300 Tagwerk Wald, 130 Tagwerk Alpenweide, 20 Tagwerk Heimweide, 90 Tagwerk Wiesengründe, 40 Tagwerk Ackergründe. Viehbestand: 50 Stück Rindvieh, 5—6 Pferde, eine Anzahl Schafe (verschieden), einige Ziegen und Geflügel. (1 ha = 2,935 Tagwerk).

großbäuerliche Betrieb einerseits und der Parzellenbetrieb andererseits herrschen vor. (40,6 % Parzellen, 47,1 % klein- und mittelbäuerliche Güter, 12,3 % großbäuerliche Güter.)

Für den Parzellenbesitz ergeben sich nachstehende Zahlen:

Oberbayern	28,6 % der Betriebe	= 2,1 % der Fläche
Niederbayern	31,7 % „ „	= 3,1 % „ „
Oberpfalz	30,9 % „ „	= 3,4 % „ „

In den Gebirgsgegenden nimmt er bis zu 40 % der Betriebe ein. Aber auch sonst kommt der Prozentsatz über 30 noch vielfach vor. So im ganzen Nordwesten Oberbayerns, in dem erwähnten Rottal und in der Umgebung Kelheims. In der Oberpfalz haben von 18 Bezirksämtern 10 über 30 % Parzellenbesitz. Unter 20 % Parzellenbesitz ergibt sich nur in den drei oberbayrischen Bezirksämtern, wo der klein- und mittelbäuerliche Besitz den sehr hohen Anteil von 65—70 % erreicht: Landsberg, Schongau und Weilheim, sowie im niederbayrischen Gäuboden bei Straubing.

Auf statistische Vollkommenheit kommt es hier nicht an. Es erübrigt sich also, neben dem relativen Anteil der einzelnen Besitzklassen an der Gesamtlandwirtschaft die absoluten Zahlen zu nennen. Denn das Maßgebende für den Wirtschaftscharakter ist lediglich das zahlenmäßige Verhältnis der einzelnen Wirtschaftsglieder zu einander.[1]

Auch in der Entwicklung, die es nun zu verfolgen gilt, sind das Ausschlaggebende und Wichtigste die Schwergewichtsverschiebungen innerhalb der einzelnen Besitzgruppen. Der Zweck dieser Arbeit gestattet es, die minder wichtige Frage nach der absoluten Zu- und Abnahme zu überspringen und die Entwicklung lediglich von dem Standpunkt aus zu verfolgen: Wie hat sich das Verhältnis innerhalb der drei Größenklassen verschoben?

Eine Bestätigung erfährt das Gesagte, wenn man sich die Zu- und Abnahme der Landwirtschaft überhaupt vergegenwärtigt, die durch folgende Zahlen charakterisiert ist:

	Betriebe			Landw. ben. Fläche (ha)		
	1882	1895	1907	1882	1895	1907
Oberbayern . .	98296	92261	92243	913116	928293	904227
Niederbayern .	83891	82401	82520	687131	883569	680218
Oberpfalz . . .	65867	64397	64071	519380	508281	494929

Diese Zahlen, besonders die starke Abnahme in Oberbayern, sind bedingt durch die allgemeine wirtschaftliche Entwicklung, die in der Einleitung bereits skizziert wurde. Diese Entwicklung beeinflußt die absolute Zu- und Abnahme der einzelnen Größengruppen sehr stark, so daß die relative Entwicklung ein wesentlich anderes Bild gibt.

[1] Die absolute Mehrung und Minderung wird in Abschnitt V bei der Behandlung der Wirkung der Güterzertrümmerung, soweit nötig, nachgeholt.

Die Entwicklung. Es empfiehlt sich, die Entwicklung der aufgestellten Größenklassen der besseren Übersicht halber einzeln zu verfolgen, und mit dem klein- und mittelbäuerlichen Betrieb (2—20 ha) zu beginnen.

1. Das klein- und mittelbäuerliche Gut. Diese Gruppe zeigte sich schon 1882 als die bedeutendste und die ganze weitere Entwicklung zielt auf eine Stärkung dieser Größe ab. Die Prozentzahlen sind:

	Betriebe in %			Landw. ben. Fläche (ha) in %		
	1882	1895	1907	1882	1895	1907
Oberbayern	58,2	62,6	62,9	49,8	49,7	51,6
Niederbayern	57,1	60,7	62,7	52,1	53,9	56,2
Oberpfalz	59,0	62,4	64,8	55,8	58,5	62,0

Den gleichmäßigsten Fortschritt zeigt die Oberpfalz, während in Nieder- und Oberbayern nur die Betriebszahl relativ steigt, jedoch nicht die Fläche.

1882—1895. Es ist in ganz Altbayern zu beobachten, daß in diesem ersten Zeitraum das klein- und mittelbäuerliche Gut an Betriebszahl prozentual viel mehr zugenommen hat, als an Fläche. Die stärkste Zunahme nach den Betrieben erfuhr jenes Gebiet von München bis Landshut. Der prozentuale Anteil an der Gesamtheit der Betriebe stieg hier um 7—9%. Aber auch weiterhin gegen den Inn herüber, den Innlauf entlang bis zur Grenze, sowie im Tale der in den Inn mündenden Rott hat das mittlere Bauerngut sehr stark an Gewicht gewonnen (über 5%). Im ganzen übrigen Altbayern beinahe drängte das mittlere Bauerngut die Parzellen- und großbäuerlichen Betriebe um 2—5% zurück, nur in vereinzelten Gegenden weniger. In einem kleinen Gebiete des bayrischen Waldes sowie in den drei südwestlichen Bezirksämtern Oberbayerns, Garmisch, Schongau und Weilheim ist eine leichte Abnahme festzustellen.

Betrachtet man die landwirtschaftlich benutzte Fläche, die von kleinen und mittleren Bauerngütern aus bewirtschaftet wird, so haben wir bereits festgestellt, daß ihre Zunahme mit der Zunahme der Betriebszahl nicht gleichen Schritt gehalten hat. Besonders trifft dies zu für den Südwesten Oberbayerns, das Hochland. Der schon oben erwähnte „Isarwinkel" bei Tölz weist eine relative Vermehrung der kleinbäuerlichen und mittelbäuerlichen Betriebe um 10,6% auf, während in der gleichen Zeit der Anteil der von dieser Größenklasse benutzten Fläche an der gesamten benutzten Fläche um 7,1% abnimmt. Auch am Innlauf entlang sowie im ganzen Rottal, wo der bäuerliche Betrieb sehr stark zugenommen hat, hat dessen Fläche abgenommen. Die Oberpfalz ist das Gebiet, wo die Zunahme der Fläche mit der Zunahme der Betriebe Schritt gehalten hat. Am stärksten ist die Vermehrung der zum kleinen und mittleren Bauerngut gehörigen Fläche in der Umgebung Regensburgs, auch in einem Streifen in den bayrischen Wald hinein am Laufe des Regen entlang (3—6%). Auch im Gäuboden ist die Vermehrung auf der angegebenen Höhe. Eine relative Zunahme der Fläche um weniger als 3 % weisen der Rest der Oberpfalz und der Landstrich an der Isar von München bis Landshut auf.

1895—1907. In der zweiten Zeithälfte ist die Entwicklung umgekehrt. Nicht nördlich der Donau! — Im bayrischen Wald und in der Oberpfalz hält überall ein gleichmäßiger relativer Fortschritt um 3—6 % an, sowohl der Betriebszahl wie der Ausdehnung nach — dagegen in der bayrischen Hochebene! Zwischen Isar und Inn tritt in der Vermehrung der Betriebe ein Stillstand ein. Manche Bezirksämter zeigen noch eine kleine Zunahme, andere schon eine kleine Abnahme. Der ganze westlich der Isar gelegene Teil Oberbayerns, ein großer Teil des Oberlandes und ein Stück am Inn zeigen ein relatives Fallen der Betriebszahl. Die Fläche hingegen steigt jetzt mit geringen Ausnahmen überall, im westlichen Oberbayern besonders stark (3—6 %).

Im allgemeinen ist eine sehr starke relative Zunahme dieser Größenklasse festzustellen, und gerade diese Zunahme des kleinen und mittleren Bauerngutes ist das Charakteristische an der Entwicklung der Betriebsverteilung von 1882—1907.

2. Das großbäuerliche Gut. — Diese Zunahme des kleinen und mittleren Bauerngutes geschah hauptsächlich auf Kosten des großen Bauerngutes, besonders in der Oberpfalz. Dies zeigen die Zahlen:

	Betriebe in %			Landw. ben. Fläche (ha) in %		
	1882	1895	1907	1882	1895	1907
Oberbayern	13,2	14,1	13,4	48,1	48,5	46,6
Niederbayern	11,7	11,7	10,7	44,1	43,2	41,1
Oberpfalz	10,1	10,0	9,1	40,8	38,6	35,3

1882—1895. Wie der Fortschritt des kleinen und mittleren Bauerngutes, so ist der Rückschritt des großen nördlich der Donau regelmäßig. Auch der Gäuboden zeigt gleiche Verhältnisse. Besonders an Fläche hat dort das große Bauerngut schon 1882—1895 stark eingebüßt (— 3,5 % in Straubing). Südlich der Donau aber, wo eine so starke Vermehrung des mittleren Bauerngutes schon in der ersten Zeit einsetzte, nimmt auch das große an Betriebszahl noch relativ zu. Nur in der Fläche setzt bereits eine relative Abnahme ein; und zwar genau in den Gebieten, wo die Zunahme des mittleren Bauerngutes so auffallend stark war: an der Isar von München bis Landshut. Dagegen dem Inn entlang und im Rottal nimmt das große Bauerngut noch immer zu.

1895—1907. Erst im zweiten Zeitabschnitt setzt die Abnahme der großen Bauerngüter allgemein ein. In der nördlichen Hälfte und im Gäuboden verstärkt sich die Abnahme noch, im Süden setzt der Rückgang jetzt fast ausnahmslos ein, zur selben Zeit, wo gewissermaßen als Reaktion auf die auffallend starke Vermehrung vorher auch im mittleren Bauerngut ein Rückgang eintritt.

3. Das Parzellengut. Aus dem Gesagten ergibt sich, daß auch das Parzellengut eine verschiedene Entwicklung im Norden und im Süden genommen hat. Zunächst die allgemeinen Zahlen:

	Betriebe in %			Landw. ben. Fläche (ha) in %		
	1882	1895	1907	1882	1895	1907
Oberbayern	28,6	23,3	23,7	2,1	1,8	1,8
Niederbayern	31,7	28,1	26,6	3,1	2,9	2,7
Oberpfalz	30,9	27,6	26,1	3,4	2,9	2,7

Die Fläche ist hier weniger von Bedeutung. Den Betrieben nach ist ein allgemeiner starker Rückgang zu verzeichnen. Aber während dieser Rückgang in der Oberpfalz und im bayrischen Wald mäßiger einsetzt und dann im allgemeinen anhält, ist in Oberbayern und in einigen Teilen Niederbayerns 1882—1895 ein rapides Sinken eingetreten. Besonders in dem mehrerwähnten Viereck zwischen Inn und Isar, dessen Ecken etwa die Städte München, Landshut, Rosenheim, Mühldorf sind, sank die Betriebszahl der Parzellengüter relativ um 7—9 %. Die starke Vermehrung der kleinen und mittleren Bauerngüter geschah hier somit großenteils auf Kosten des Parzellengutes, denn die großen Bauerngüter nahmen in der gleichen Zeit, wenigstens an Betriebszahl, zu.

Als dann nach 1895 das große Bauerngut in Oberbayern zurückging, im kleinen und mittleren Bauerngut ein Stillstand eintrat, da gewann das Parzellengut wieder etwas an Gewicht. Auch in einem großen Teile des südlichen Niederbayern und im Gäuboden! Daß die Gesamtzahlen für Niederbayern trotzdem ein nicht unansehnliches Fallen aufweisen, liegt daran, daß im bayrischen Wald der Rückgang des Parzellengutes zugunsten des klein- und mittelbäuerlichen Gutes sehr stark war.

So ergibt sich als Gesamtbild der Entwicklung folgendes: Im Norden (Oberpfalz und bayrischer Wald) eine regelmäßig fortschreitende Vermehrung der kleinen und mittleren Bauerngüter und dementsprechend eine gleichmäßige Abnahme der Parzellen- und großbäuerlichen Betriebe. In der bayrischen Hochebene zeigt sich, was die Betriebszahl betrifft, in der ersten Zeithälfte ein starkes Aufwärtsströmen: Verminderung der Parzellenbetriebe, starke Vermehrung der kleinen und mittleren Bauernbetriebe, zugleich auch eine Zunahme der großbäuerlichen Betriebe. In der zweiten Zeithälfte tritt die Reaktion ein: allgemeine Abnahme der großbäuerlichen Betriebe, Stillstand, ja in einzelnen Gegenden Abnahme der klein- und mittelbäuerlichen Betriebe und eine leichte Neigung zur Vermehrung der Parzellenbetriebe. Was die Fläche betrifft, so deutet sich auch im Süden schon in der ersten Periode die gleiche Entwicklungstendenz an wie im Norden: eine allgemeine Abnahme im Parzellenbetrieb und eine leichte Abnahme im großbäuerlichen Betrieb. Aber erst in der zweiten Periode setzt diese Entwicklung dann entschieden und allgemein ein.

Der Besitzstand 1907. Da die Entwicklung, wie sich ergab, gleichzeitig von unten nach oben und von oben nach unten verlief, so hoben sich die Bewegungen gegenseitig nahezu auf und der Durchschnitt der Güter hat sich nicht wesentlich verändert. Der Durchschnitt ist für

	1882	1907
Oberbayern	9,3 ha	9,8 ha
Niederbayern	8,2 „	8,2 „
Oberpfalz	7,9 „	7,7 „

Auch wenn man die einzelnen Gebiete betrachtet, so ergeben sich keine bedeutenden Unterschiede gegenüber 1882. Es ist noch immer das oberbayrische Isargebiet, wo ein Durchschnitt über 10 ha herrscht, im bayrischen Wald wie in den beiden Bezirksämtern Garmisch und Berchtesgaden liegt der Durchschnitt unter 7,5 ha. Auch der Streifen von Pfaffenhofen über Kelheim nach Stadtamhof gehört noch hierzu. Das übrige Altbayern hat einen Durchschnitt der landwirtschaftlichen Betriebsgröße von 7,5—10 ha.

Die relativen Verschiebungen in den einzelnen Größengruppen zeigt die Tabelle:

		Betriebe in % 1882	Betriebe in % 1907	Fläche in % 1882	Fläche in % 1907
Oberbayern:	Parzellenbetrieb	28,6	23,7	2,1	1,8
„	Klein- und mittelbäuerlicher Betrieb	58,2	62,9	49,8	51,6
„	Großbäuerlicher u. Großbetrieb	13,2	13,4	48,1	46,6
Niederbayern:	Parzellenbetrieb	31,7	26,6	3,1	2,7
„	Klein- und mittelbäuerlicher Betrieb	57,1	62,7	52,8	56,2
„	Großbäuerlicher u. Großbetrieb	11,7	10,7	44,1	41,1
Oberpfalz:	Parzellenbetrieb	30,9	26,1	3,4	2,7
„	Klein- und mittelbäuerlicher Betrieb	59,0	64,8	55,8	62,0
„	Großbäuerlicher u. Großbetrieb	10,1	9,1	40,8	35,3

Das Hauptinteresse beansprucht das klein- und mittelbäuerliche Gut. 1882 betrug diese Größenklasse mit ganz geringen Ausnahmen 50—65 % der Betriebe. Die Bezirksämter, wo das klein- und mittelbäuerliche Gut mit 50—60 % vertreten war, machten allein schon die Hälfte aus. 1907 waren unter 69 Bezirksämtern nur mehr 12 derartige vorhanden, dazu noch das Bezirksamt Mühldorf, wo das klein- und mittelbäuerliche Gut noch unter 50 % blieb (48,0 %). Es ist die wegen ihres zersplitterten Besitzes schon öfters erwähnte Umgebung von Kelheim, Regen im bayrischen Wald, Griesbach, das den

Unterlauf der Rott einnimmt. Das Bezirksamt München, wo bis 1895 die mittelbäuerlichen Betriebe sehr stark zugenommen hatten, sank bis 1907 unter den prozentualen Stand von 1882 zurück (von 51,1 % auf 50,8 %). Außerdem hatte 1907 der Westen Oberbayerns an der Salzach noch diesen Stand. In den meisten Bezirksämtern (28) ist das Bauerngut mit 60—65 % vertreten. Die Ursache hiervon ist Oberbayern, wo diese prozentuale Dichtigkeit des kleinen und mittleren Bauerngutes besonders verbreitet ist. Dagegen ist in ausgedehnten Gebieten Niederbayerns und der Oberpfalz diese Größe dichter vertreten (mit 65—70 %), und zwar ohne wesentlichen Unterschied zwischen Gebirge und Ebene. Oberbayern ist im allgemeinen weniger zu klein- und mittelbäuerlichen Betrieben geneigt. Daß die Prozentzahl in Oberbayern dennoch die Höhe wie in den anderen beiden Kreisen erreicht, macht einerseits das Kelheimische Gebiet in Niederbayern, das dort den Durchschnitt drückt, andererseits, daß einzelne Gebiete im südlichen Oberland und am Lech über 70 % kleine und mittlere Bauerngüter haben, was in Oberbayern den Durchschnitt wiederum hebt.

Stellt man die Bezirksämter mit gleicher Häufigkeit des klein- und mittelbäuerlichen Gutes zusammen, so ergibt sich folgender Unterschied gegenüber dem Jahre 1882: (Da die Gesamtzahl der Bezirksämter nicht unwesentlich an den beiden Zeitpunkten verschieden ist — 1882: 63, 1907: 69 —, so empfiehlt es sich, die Tabelle von 100 zu berechnen.)

Das kleine und mittlere Bauerngut ist vertreten

mit % der Betriebe	in % der Bezirksämter 1882	1907
unter 50 %	4,76 %	1,45 %
50—60 %	50,80 %	17,39 %
60—65 %	34,92 %	27,55 %
65—70 %	6,35 %	40,57 %
über 70 %	3,17 %	13,04 %
	100,00 %	100,00 %

Aus diesen Zahlen ist die Steigerung des mittelbäuerlichen Gutes deutlich zu erkennen. Insbesondere geht daraus hervor, daß die Tendenz seiner starken Vermehrung sich ausnahmslos über ganz Altbayern erstreckt. Ergänzend läßt sich noch sagen, daß auch in jenen Gegenden, wo sich der Stand der mittelbäuerlichen Besitzungen nicht so wesentlich verändert hat, daß es in obiger Tabelle zum Ausdruck käme, dennoch eine leichte Zunahme vorhanden ist. (Kelheim und Umgebung.)

Der Parzellenbetrieb ist allenthalben zurückgegangen. Weitaus die meisten Bezirksämter haben Parzellenbetrieb zwischen 20 und 30 %. Über 30 %, was 1882 noch sehr häufig war, besonders in der Oberpfalz, kommt noch bei Kelheim und von hier aus nördlich ein Stück an der Naab entlang vor. Auch die drei niederbayrischen Bezirksämter im bayrischen Wald, Kötzting, Viechtach und Regen und in Oberbayern Garmisch, zeigen noch diese Höhe. In Mühldorf und in Griesbach im Rottgebiet hat sich der dortige Stand von 1882 erhalten: weniger mittlere Betriebe, viel Parzellen- und großbäuerliche Betriebe. Auch hier ist der Anteil des Parzellengutes noch über 30 %, der des großbäuerlichen Betriebes über 12 %. Unter 20 % Parzellenbetrieb haben meist solche Bezirksämter, wo neben dem mittleren Betrieb noch der großbäuerliche stark vertreten ist, so in den südwestlichen Bezirksämtern Oberbayerns, im Gäuboden und im Vilstal.

Ein relativ hoher Prozentsatz des großbäuerlichen Betriebs (über 15 %) kommt fast nur mehr in Oberbayern, aber hier noch sehr häufig vor, besonders im Isargebiet, indes auch westlich des oberen Inn trifft man ihn noch. In Niederbayern ist es der Gäuboden und der Oberlauf der Vils, wo das großbäuerliche Gut diese Ausdehnung erreicht. Im übrigen kommen auf den großbäuerlichen Betrieb 9—10 % mit Ausnahme der Gebirge und der Kelheimer Gegend, wo der Prozentsatz bis auf 2,2 % sinkt (Berchtesgaden).

So hat sich der Charakter der Betriebsverteilung in Altbayern seit 1882 nicht wesentlich verändert; er hat sich vielmehr bis 1907 noch entschiedener ausgedrückt, weil die ganze Entwicklung diesem Charakter gemäß war.

Es ist nötig, auf die Besitzverhältnisse näher einzugehen, um ein Urteil zu bekommen, wie weit die Betriebsverteilung der Besitzverteilung nahekommt. Die drei Kreise sind in ihrem Pachtwesen nicht unerheblich verschieden. Auch die allgemeinen Zahlen vermögen noch kein genügendes Bild zu geben. Danach waren von 100 Betrieben in

	mit ausschließlich eigenem Land	mit Pachtland	mit ausschließlich Pachtland
Oberbayern	76,9 %	20,3 %	2,2 %
Niederbayern	84,4 %	12,6 %	2,5 %
Oberpfalz	75,7 %	20,0 %	2,7 %

Von 100 ha	eigenes Land	Pachtland
Oberbayern	96,5 %	3,0 %
Niederbayern	97,5 %	1,7 %
Oberpfalz	96,8 %	2,7 %

Am wenigsten Pachtwirtschaft zeigt das großbäuerliche Gut; aber auch das mittelbäuerliche wirtschaftet zumeist auf eigenem Grund. Es arbeiten von 100 Betrieben mit ausschließlich eigenem Land in:

	Oberbayern	Niederbayern	Oberpfalz
Mittelbäuerliches Gut	76,9 %	88,1 %	83,2 %
Großbäuerliches Gut	83,5 %	92,6 %	91,3 %.

Im kleinbäuerlichen Betrieb steht die Prozentzahl fast gleich hoch.

Wenig mit eigenem Land wirtschaftet verhältnismäßig das Parzellengut. Hierbei ist in Ober- und Niederbayern 16—18 % Pachtland, dazu kommt gerade in dieser Größenklasse ein hoher Prozentsatz an Dienst- und Deputatland (7—9 %).

Relativ kaum mehr wirtschaftet der Großbetrieb auf ausschließlich eigenem Boden (76,6 und 76,7 %). In Oberbayern arbeiten sogar 5,9 % der Großbetriebe ausschließlich auf gepachtetem Land. Jedoch sind Zupachtungen verhältnismäßig gering, sodaß von 100 ha der Großbetriebe immer noch 96,4 ha in Oberbayern, 94,5 ha in Niederbayern auf eigenes Land treffen.

Eigentümlich ist der Stand in der Oberpfalz, die sich im bäuerlichen Betrieb nicht wesentlich von den beiden anderen Kreisen unterscheidet, im Parzellen- und Großbetrieb dagegen auffallend wenig eigenes Land besitzt.

	ausschließlich eigenes Land	Pachtland überhaupt	sonstiges Land
Parzellenbetrieb	64,0 %	26,4 %	11,6 %
Großbetrieb	54,0 %	47,3 %	5,4 %

Im Großbetrieb wirtschaften 28,4 % der Betriebe mit ausschließlich gepachtetem Land; von 100 ha der Fläche sind nur 75,7 ha im Eigentum der Wirtschaftenden.

Im allgemeinen gilt für Altbayern: Im bäuerlichen Gut (von 2—100 ha) fällt die Betriebsverteilung beinahe mit der Besitzverteilung zusammen und eine Besitzstatistik würde hier kaum wesentlich andere Ergebnisse bringen als die Betriebsstatistik. Hingegen kann für Parzellen und Großgrund**besitz** die Betriebsstatistik kein zuverlässiges Bild geben.

III.

Die Erbfolge.

Nachdem die Entwicklung der Grundbesitzverteilung, soweit nötig, festgestellt ist, liegt die Frage nahe: **Auf welchem Wege** vollziehen sich die Änderungen in der Besitzverteilung? Das Resultat der Entwicklung, die Erstarkung des mittleren und kleinen Bauerngutes, ist bei dem gemischten Wirtschaftscharakter der altbayrischen Landwirtschaft zwischen Vieh- und Getreidewirtschaft sicher zu begrüßen. Ist aber auch die Art, wie sich diese Veränderung vollzogen hat und vollzieht, in gleichem Maße erfreulich?

Damit gelangen wir zu folgenden Gebieten: Erbfolge, Güterhandel und Zwangsversteigerung. Am wichtigsten, ja grundlegend für den Charakter des Güterhandels, der zurzeit das höchste aktuelle Interesse in der bayrischen Landwirtschaft beansprucht, ist die Erbfolge.

Worin liegt die besondere Schwierigkeit des bäuerlichen Erbrechtes begründet? Worin besteht die Eigenart des bäuerlichen Gutes gegenüber anderen Wirtschaftsformen?

Zunächst kommt hier die Eigenschaft des Bodens als immobiles Gut in Betracht. Der überwiegende Teil der Werte, die der Bauer in Händen hat, ist festgelegt in seinem Grundbesitz, läßt sich nicht ohne weiteres flüssig machen und genau rechnerisch teilen. Anderer Immobilienbesitz, etwa Gebäulichkeiten, Fabriken, beruht auf rein kaufmännischer Basis. Die Besitzer sind Kaufleute, Spekulanten, die mitten im modernen Geldverkehr stehen und dessen verwickelte Technik zu handhaben wissen. Sie rechnen mit großen Geldumsätzen und sind daher finanztechnisch sehr beweglich und anpassungsfähig. Die Bauernwirtschaft ist erst in allerletzter Zeit zu einer Geldwirtschaft geworden und sie wird es nie bis zu dem Grade werden, wie ein gewerblich kaufmännischer Betrieb. Der Gewerbetreibende nützt Kapital und Arbeitskraft ausschließlich für fremde Konsumenten und rechnet nur mit Geld als Zins und Lohn. Der Bauer wirtschaftet mit einem großen Teile seines Gutes unmittelbar für eigenen Bedarf und nur ein Überschuß ist für Absatz erzeugt. Somit wird im Verhältnis zum Gewerbe der Geldumsatz in bäuerlicher Landwirtschaft immer sehr gering sein. Bestreitet der Bauer noch die Kosten des Betriebes, so bleiben erfahrungsgemäß nur selten soviel Ersparnisse, daß im Erbfalle alle Erbanteile in Bargeld hinausgezahlt werden können. Daraus ergibt sich die Notwendigkeit, den im Boden festgelegten Wert irgendwie zu teilen. Sieht man zunächst von Realteilung ab, so bleibt nur die Möglichkeit, die vom Boden bezogene Rente zu teilen. Kapitalisiert man diese Teilrenten, die der Bewirtschafter an seine Miterben zu zahlen hat, so nehmen sie die Gestalt von Kapitallasten an, die auf dem Boden ruhen. Schroff ausgedrückt: ein Teil des Gutes gehört in gewissem Sinne nicht mehr dem Bewirtschafter, weil die daraus bezogenen Renten die Miterben genießen. Dennoch trägt er das Risiko. Unter dieser geldwirtschaftlichen Schwerfälligkeit leiden die Bauernanwesen sehr stark. Man stelle sich vor, daß durch mehrere Generationen ein Gut durch Erbschaften vielfach belastet wird und man wird begreifen, wie drückend dieses Erbrecht auf einer ländlichen Wirtschaft liegen kann. In der Tat ist die Verschuldung der altbayrischen Landwirtschaft, wo die eben behandelte Art zu vererben, vorwiegend herrscht, sehr groß und die allgemeine Meinung ist, daß die bestehende Erbfolge dazu sehr viel beiträgt.

Bei diesen Mängeln des herrschenden Systems liegt der Gedanke nahe: Warum teilt man nicht statt der Rente den Boden selbst? Ja, wäre das nicht gerade bei einem großbäuerlichen Gut, das finanziell schlecht steht, ein sehr einfacher Ausweg?

Es sind drei Hemmnisse, die diesen Ausweg versperren. 1. Ein rein menschliches, wenn man will, ein soziales, 2. ein historisches, 3. ein wirtschaftliches.

Als erste und besonders wichtige Ursache des Anerbenrechts wird allgemein der Familiensinn des Bauern sehr stark betont. Ja, es ist nicht zweifelhaft, daß dies übertrieben wurde. Prof. Lujo Brentano tritt dieser Ansicht in seiner Vorrede zu Dr. Ludwig Ficks: „Die Erbfolge im rechtsrheinischen Bayern“ entgegen; er spricht diesem Punkt sogar jeglichen Einfluß auf das Erbrecht ab. So gänzlich von der Hand weisen läßt sich aber der Punkt wohl auch nicht, besonders nicht im großbäuerlichen Besitz, dessen Schicksal uns hier besonders interessiert.

Man darf nicht übersehen, daß jeder in einer Familie forterbende Grundbesitz in einem gewissen Sinne „adelt“, daß damit ein gewisser romantischer Nimbus verbunden ist. Adel beruht auf dem Stammbaum, der Stammbaum aber hängt am Grundbesitz mit seinem Bestreben, immer ein Familienglied zum Vertreter, Stammhalter, zum „Majoratsherrn“ zu stempeln. Was aber vom freien Herrensitz gilt, wo der Adel privilegiert wurde, gilt, freilich wesentlich abgeschwächt auch vom großen Bauerngut, wo auch schon einzelne Bauerngeschlechter sehr lange auf einem Gute wirtschaften[1]. Ringsum liegen kleinere Anwesen, die ständig von Hand zu Hand gehen, und mitten drinnen, unberührt von dieser Flut, steht ein großer schöner Hof, und darauf waltet der Bauer als der Nachkomme und Stammhalter eines verhältnismäßig alten Bauerngeschlechts, dessen Name weithin in der Gegend Klang und Gewicht hat. Es ist durchaus begreiflich, daß sich hier in gutem Sinne ein gewisser „Bauernstolz“ ausgebildet hat, daß sich in solchen Familien auch der Familiensinn besonders tief ausbildet und daß das Bestreben herrscht, den Hof als Ganzes wieder nur einem zu übergeben, um so das Bauerngeschlecht als solches fortzupflanzen.

Wie die Entwicklung der Besitzverteilung zeigt, ist diese „Bauernromantik“ heute dem Verfall geweiht. Die großen Güter rentieren nicht mehr. Es entbehrt nicht ganz der Tragik, zu beobachten, wie sich die großen Bauern gegen diese Erkenntnis sträuben; wie sie oft gewaltsam und unwirtschaftlich durch den Glanz des Auftretens die umwohnenden kleineren, aber finanziell meist viel leistungsfähigeren Bauern zu übertreffen suchen, um sich und anderen die alten Zeiten vorzutäuschen.

Aus dem Gesagten geht klar hervor, daß der ausgeprägte Familiensinn auf eine ganz bestimmte Gattung von Bauernhöfen beschränkt ist und daß es nicht so allgemein Geltung hat, wie vielfach angenommen wird. Daher ist auch Brentano durchaus recht zu geben, wenn er meint, daß jener Familiensinn der Bauern nicht als Hauptursache für das Anerbenrecht anzusehen ist. Wir müssen nach anderen Erklärungen sehen. Und hier dürften die von Brentano in jenem Vorwort angeführten historischen Ursachen von großer Bedeutung sein.

Vor allem sind es zwei. Erstens die grundherrlichen Verhältnisse: beide Teile, Grundherr und Bauernschaft, hatten ein Interesse an der geschlossenen Übergabe. Nur größere Höfe waren fähig, dem Grundherrn die erforderlichen Spanndienste zu leisten. Dazu forderte der

[1] Verhandlungen des historischen Vereins für Niederbayern 1909, Bd. 45. Schöffmann, Die Osterholzer, eine alte Bauersfamilie im Rottale bei Pocking.

Grundherr bei Realteilung die Abgaben für den gesamten ursprünglichen Hof von einem Erben. Mochte der sehen, wie er sich durch die anderen deckte. Außerdem war jeder einzelne Hof zu „ungemessenen Scharwerken“ verpflichtet. Machte man nun aus einem Hof mehrere Besitzungen, so vermehrte man die auf derselben Fläche ruhende Last ungeheuer. Auch die Bevorzugung des Übernehmenden, das eigentliche Charakteristikum des Anerbenrechts, hat in diesen Verhältnissen seine Wurzel. Bei Erbübergängen mußten immer ungeheuerliche „Laudemien“ (Abgaben) entrichtet werden, die nach dem Werte des Gutes berechnet wurden. Es war daher die Taktik der Bauern, das Gut stark unter dem Werte einzuschätzen, worin ja heute noch der Hauptvorteil des Anerben liegt. Daher schrieb ein Beamter des Regensburger Domkapitels 1750, man müsse die Übergaben immer höher veranschlagen, als die Bauern sagen.

Der zweite Grund gegen die Realteilung war die Besteuerung. Diese wurde vorgenommen nach einem sehr rohen Kataster, der die Höfe in ganze, halbe, viertel, achtel und sechzehntel Höfe einteilte, ohne sich im mindesten des weiteren an Veränderungen im Grundbesitz zu kehren. Um nun, soweit dies unter solchen Verhältnissen überhaupt möglich war, die Besteuerung gerecht zu erhalten, paßte man nicht den Kataster dem Stande der Grundbesitzverteilung an, sondern suchte die Grundbesitzverteilung möglichst auf dem Stande des Katasters zu erhalten. So trifft man in Bayern schon früh Güterzertrümmerungsverbote (1578, 1598, 1605, 1616, 1674, 1681). 1674 wurde auch der Grund klar ausgesprochen, daß zu große Unterschiede zwischen der Besteuerung und dem tatsächlichen Besitz sich ergäben. Wie sehr diese Gesetze das trafen, was durch die Verhältnisse ohnedies geboten war, geht daraus hervor, daß es sehr wenig Erfolg hatte, als die Regierung zur Verbesserung der Landeskultur 1762, 1772 und 1805 „Mandate“ erließ, die Zertrümmungen, besonders im Erbgang, begünstigten. Erst als sich jene starren Verhältnisse etwas lockerten, kam ein starker Güterhandel in Schwung, so daß die Regierung abermals einen Schrecken bekam und nun mit allen Mitteln die Güterzertrümmerungen unterdrückte. Das führte zunächst zur ersten Güterzertrümmerungsstatistik, 1825—1843, und zum Güterzertrümmerungsgesetz 1852, das jedoch bald wieder zurückgenommen wurde.

Seit 1848 sind die Bauern frei. Weder grundherrliche noch staatliche Gesetze schreiben ihnen ein Erbrecht vor. Aber es scheint, daß der Bauer den Zwang nun einmal gewohnt ist, daß er ihn wünscht, weil er ihm selbständiges Nachdenken erspart. Seit ihn keine politische Macht mehr knechtet, hat er sich selbst einen Zwang geschaffen, dem er sich widerspruchslos beugt: das „Herkommen“. Er übergibt seinen Hof einem Kinde, weil es immer so gemacht wurde. Der Übernehmer erhält einen überwiegenden Teil. Die Geschwister fügen sich, nicht weil sie an die Erhaltung, an den Glanz der Familie denken, sondern weil das „der Brauch ist“, weil es ihnen gar nicht in den Sinn kommt, es könnte auch anders sein. Wenn man den Konservatismus der Bauern kennt und die Macht des Herkommens über ihn, kann man sehr wohl begreifen, daß er unter gänzlich veränderten Verhältnissen noch an Bräuchen festhält, die eigentlich ihre tiefere Wurzel und Berechtigung in gewesenen Zuständen haben. Freilich, so kräftig wie ein äußerer Druck ist das Herkommen nicht. Langsam lockert es sich, „verliert an Macht", d. h. es nimmt eine andere Form an, ändert sich. Allmählich — schon 1883 in den Verhandlungen des Vereins für Sozialpolitik über Anerbenrecht — wurden Klagen laut und bis heute immer lauter über „das Abflauen des Familiensinnes in der Bauernschaft"; die weichenden Erben dringen immer stärker auf vollwertige Abfindungen. Womit wäre dieses „Abflauen des Familiensinnes" erklärlich? Die Wahrheit ist wohl, daß heute erst die bäuerliche Sitte anfängt, sich den seit 1848 neuen Verhältnissen anzupassen, daß heute erst das „Herkommen" auf die Bauernbefreiung „reagiert".

Auch das wirtschaftliche[1] Hemmnis liegt in der Schwerfälligkeit des größeren Bauernbesitzes. Man stelle sich vor, ein Bauernhof, dessen Gebäulichkeiten, der Größe des Gutes angemessen, in der Mitte des Besitzes liegen, soll realiter geteilt werden. Wo bleiben die Erben? In den alten Gebäuden des Hofes? Dann müßten die Gebäude, die Ställe und Scheunen ebenfalls realiter geteilt werden, was ja bei Wohnhäusern in Gegenden mit Realteilung vorkommt. Das führte aber hier zu unhaltbaren Zuständen, zu einem Mangel an Bewegungsfreiheit. Praktisch würde sich auch hier die Frage so lösen, daß einer auf dem mit viel zu großen Gebäuden belasteten Restgut verbliebe, die übrigen fortzögen oder in andere Bauernanwesen einheirateten, jedenfalls würden sie in vielen Fällen die geerbten, noch ganz ansehnlichen Gutsreste nicht selbst brauchen können. Sie würden verkaufen wollen, und da sie ihnen niemand gegen Barzahlung abkaufte und sie nicht kreditieren können, so mündete auch der Erbfall in eine regelrechte Güterzertrümmerung.

Hier ist zu erwähnen, daß in der Rheinpfalz und in fränkischen Gegenden mit kleinem Grundbesitz Realteilung tatsächlich herrscht. In der schon erwähnten Arbeit[2] über die Würzburger Gegend heißt es: „Ob die stärkere Bodenbesitzverteilung Ursache oder Wirkung der Realteilung ist, das ist schwer zu entscheiden." Wahrscheinlich scheint es, daß dort der kleine Grundbesitz zunächst Folge der Realteilung ist, wie in Altbayern der größere Grundbesitz Folge des Anerbenrechtes. Aber im Laufe der Zeit wird die Folge zur Ursache und die ursprüngliche Ursache zur Folge. Das will sagen: Weil in jenen Gegenden kleiner Grundbesitz herrscht, ist heute dort Realteilung möglich; denn die Werte, die sich von Fall zu Fall verschieben, sind relativ klein, dadurch ist die Besitzverschiebung nicht so schwerfällig und Kredit ist leichter zu beschaffen. Denn auch bei kleinem Grundbesitz führt die Realteilung nicht selten zur Ver-

[1] Auf die wirtschaftlichen Gründe des Anerbenrechts wird weiter unten etwas breiter einzugehen sein.

[2] Dr. Ludwig Fick, Die bäuerliche Erbfolge im rechtsrheinischen Bayern. Münchener Volkswirtschaftliche Studien. 8. Stück. 1895.

steigerung des Erbteiles.[1] Dagegen ist das Anerbenrecht, d. h. hier: Übergang des Gutes an einen Erben, in Gegenden mit größerem Grundbesitz aus praktischen Gründen das bessere. Und eine Verkleinerung der Güter würde praktisch immer durch Zertrümmerung erfolgen.

Nach diesen allgemeinen Bemerkungen treten wir in die Darstellung des Erbrechtes in Altbayern ein. Von den Erbverhältnissen in Bayern haben wir ziemlich genaue Kenntnis; denn im Jahre 1894 unternahm das Kgl. Bayrische Staatsministerium auf Anregung Prof. Lujo Brentano's eine Enquete, in der es dem bäuerlichen Erbrecht nachforschte. Die Ergebnisse der Rundfrage hat Dr. Ludwig Fick in seiner mehrerwähnten Schrift bearbeitet.

Es kommt hier nicht darauf an, sämtliche lokalen Schattierungen des Erbrechts kennen zu lernen, die für die Allgemeinheit keine Bedeutung haben. Es soll daher das dem Verfasser persönlich bekannte, typische Erbrecht im Vilstal (Niederbayern) etwas breiter dargelegt werden und hernach sollen an der Hand der obigen Arbeit die wichtigen Abarten, die anderwärts vorkommen, erwähnt und soweit möglich, besprochen werden.

Das Vilstal, das oben bereits mehrfach erwähnt wurde, zieht in nordöstlicher Richtung von der Südgrenze Niederbayerns zur Donau. Es ist ein sehr fruchtbares Tal und zeigt in seinen Betrieben eine gesunde Mischung von Getreide-, Wiesen- und Forstwirtschaft. Die Siedelung ist im Tale dorfweise, und zwar in großen und dichtstehenden Dörfern, auf den Hängen und dem dahinter sich erstreckenden Hügelland meist hofweise. Hier findet sich besonders im Oberlaufe der Vils noch viel großbäuerlicher Besitz.

Realteilung bei Bauerngütern kommt nicht vor. Das hergebrachte Erbrecht heischt: Übergabe des ganzen Gutes an ein Kind, und zwar noch zu Lebzeiten der Eltern. Die Übergabe geschieht durch den „Austrag", und beim Austrag werden die gesamten Erbschaftsangelegenheiten geregelt.

Wann dieser Austrag vollzogen wird, bestimmt sich nach zwei Punkten:

1. Nach dem Alter und der Rüstigkeit des Bauern;
2. nach dem Alter des übernehmenden Sohnes oder nach dessen Aussicht auf eine günstige Heirat.

Es ist auf den ersten Blick ersichtlich, daß sich hier die Interessen von Vater und Sohn leicht widersprechen können. Sobald der Vater das Gut abgibt, wird er abhängig von seinem Kind. In der Regel sind die Kinder herangewachsen zu einer Zeit, wo der Bauer noch durchaus rüstig ist. Ist das Zusammenleben gut, so wird er wohl ein Einsehen haben und den Hof überlassen. Er kann ja trotzdem noch der geistige Leiter des Hofes bleiben und sein Rat kann dem Jungen manches nützen. Immerhin aber hat er die Möglichkeit, die Übergabe gegen den Wunsch des Übernehmenden

[1] Siehe Fick, S. 225.

hinauszuschieben. Und diese Möglichkeit gewinnt sehr an Gewicht, wenn der Übernehmende heiraten will, denn es ist die Regel, daß das erbende Kind erst heiraten kann, wenn es den Hof übernimmt. Ist die Wahl nicht nach dem Sinne des Bauern, so hat er, da er doch meist noch rüstig ist, im Austrage ein sehr wirksames Mittel zur Opposition. Wenn man der bäuerlichen Bevölkerung nachsagt, daß sie ihre Ehen fast ausschließlich nach materiellen Gesichtspunkten abschließt, so mag der Nachdruck, den der Vater auf sein „Veto" zu legen vermag, dabei nicht ohne Einfluß sein, denn die Väter haben für die idealere Auffassung des Lebens bei der jüngeren Generation meist wenig Verständnis. Gerade die Austragsverhältnisse sind eine Quelle vieler Verdrießlichkeiten: nicht nur die Zeit des Austrags, sondern auch der Austragsvertrag, der die Verpflichtungen regelt, die das übernehmende Kind den Eltern gegenüber auf sich nimmt.

Die Sitte ist, daß sich die Eltern vor allem das Recht, auf dem Hofe zu wohnen, ausbedingen. Sodann müssen sie ihre Nahrung vom Hofbesitzer bekommen. Aber hier begnügt man sich nicht mit der allgemeinen Form, daß sie am gemeinsamen Tisch mitessen. Es ist ein uralter Brauch, daß genau festgelegt wird, wieviel Eier, Mehl, Schmalz, auch an Feldfrüchten jährlich die Austrägler zu bekommen haben. Und die Eltern führen innerhalb der Hofwirtschaft gewissermaßen noch eine eigene kleinere. Das läuft praktisch auf dasselbe hinaus, wie eine andere, in anderen Gegenden gebräuchliche Form des Austrags, wo die Austrägler nicht den ganzen Hof sofort übergeben, sondern sich einige Parzellen und auch einige Stücke des Inventars zurückbehalten, die jedoch der Übernehmende für sie zu bewirtschaften hat. Diese Detaillierung des Vertrages ist nötig, um die Belastung des Hofes durch den Austrag genauer feststellen zu können.

Als dritte Austragsbedingung wird auch noch bestimmt, daß die Begräbniskosten für die Eltern der Hoferbe zu tragen hat.

Die Tatsache, daß die Eltern so frühzeitig verhältnismäßig in ein Abhängigkeitsverhältnis zu ihren Kindern treten, ist nicht erfreulich. Gewiß wird die Leistung des Hoferben nicht ohne Gegenleistung sein. Unter normalen Umständen wird man die geistige und körperliche Arbeitskraft der Austrägler noch sehr zugunsten des Hofes anrechnen dürfen. Aber wie nahe liegt wieder die Möglichkeit zu Konflikten! Selbstverständlich sähe es der alte Bauer gern, wenn genau nach seinem Kopfe weitergewirtschaftet würde. Er vergißt leicht, daß er nicht mehr Herr des Hofes ist. Hat nun der Sohn in diesem oder jenem eigene Initiative und einen starken eigenen Willen, so wird dem Bauer sein Irrtum deutlich zum Bewußtsein gebracht werden und der alte Bauer zieht sich verstimmt zurück und schimpft auf die heutige Jugend. Dasselbe gilt selbstverständlich von der alten und der jungen Bäuerin.

Es läßt sich dies jedoch seltener beobachten, als ein anderer Umstand, der noch weniger erquicklich ist: die Eltern werden allmählich gebrechlich, ihre Arbeitskraft ist nicht mehr in Anschlag zu bringen;

sie sind dem Hofe lediglich eine Last. Und sie fühlen sich selbst nur mehr als Last, und eben weil sie es fühlen, werden sie leicht überempfindlich und argwöhnisch. So tritt leicht eine Spannung ein zwischen Eltern und Kindern, ohne daß es jemand wollte, ohne daß jemanden eine greifbare Schuld trifft. Und beide Teile leiden darunter. Freilich allzu zartfühlend ist die bäuerliche Bevölkerung nicht und die Fälle kommen auch vor, wo die Kinder ihren Eltern sehr deutlich merken lassen, daß sie ihnen nichts mehr sind als eine Unannehmlichkeit. Die Leistungen werden mit unverhohlenem Mißmut gegeben und mit unverhohlenem Mißtrauen entgegengenommen — und oft mit berechtigtem Mißtrauen!

Diese Verdrießlichkeiten werden natürlich um so fühlbarer durch die Kommunhausung der Eltern mit den Kindern. Daher bürgert sich eine andere Art des Austrages mehr und mehr ein: Die Eltern dingen sich statt der Naturalien ganz oder teilweise Geld aus. Sie ziehen dann in ein nahegelegenes Landstädtchen und gründen dort einen selbständigen Hausstand. So gehen sie allen Verdrießlichkeiten aus dem Wege. Aber ist dies wirklich die richtige Lösung der aus dem Austrage sich ergebenden Schwierigkeiten? Man kann sich denken, daß es einem Bauernhof wesentlich leichter fällt, den im Hofe selbst lebenden Austräglern einen bestimmten Teil des Ertrages zu geben, als ihnen eine Rente in Bargeld auszuzahlen. Eine Leistung in Naturalien ist von vornherein weniger starr, anpassungsfähiger, als eine Leistung in Geld. Wenn auch die Menge der Leistung genau festgestellt ist und sich nicht nach dem Ausfall der Ernte richtet, so trägt doch in der Güte der Austrägler das Risiko mit. Und dann liegt in der Kommunhausung selbst immer ein Vorteil, den man nicht gering achten darf. Die Eltern erleben Glück und Unglück, schlechte und gute Jahre ihres Hofes noch selbst und unmittelbar mit. In schlechten Zeiten wird man, wenn die persönlichen Verhältnisse nicht zu gespannt sind, gern etwas nachsehen und das Schlimme gemeinsam tragen. Die Eigenwirtschaft der Eltern wird von der Hofwirtschaft nicht so schroff getrennt und unwillkürlich wird sie mit den Schwankungen im Gesamthauswesen elastisch mitschwingen. Wenn die Eltern vom Hofe wegziehen, gründen sie ein völlig selbständiges Hauswesen und beziehen ihren Austrag in Geld. Niemals, auch beim besten Willen der Eltern nicht, wird dieses Verhältnis so anpassungsfähig sein, als die Kommunhausung mit Naturalbezügen. Der Hof wird dadurch schwerer und empfindlicher belastet.

Die Kommunhausung aufgeben, um den Verdrießlichkeiten des Austrages zu entgehen, heißt der Schwierigkeit von der verkehrten Seite zu Leibe gehen. Von der anderen Seite muß man eingreifen: die Abhängigkeit der Austrägler von den Kindern ist zu beseitigen! Gibt es dafür ein Mittel?

Es ist schon einige Zeit her, da ließen sich einige reiche Bauern des Vilstales in eine Lebensversicherung aufnehmen, so daß sie, als Alter und Umstände zur Übergabe mahnten, von der Versicherung eine Rente bezogen. Sie verzichteten auf jeden Austrag und wahrten sich so die Unabhängigkeit auch im Alter. Es ist sicher, daß gerade nach allen unleidigen Mißhelligkeiten, die der Austrag nicht selten im Gefolge hat, dieses Beispiel nicht warm genug zur Nachahmung empfohlen werden kann. In der Tat findet man in landwirtschaftlichen Organen seit einigen Jahren eine starke Agitation für dieses Mittel. Aber ein Erfolg ist noch kaum fühlbar. Freilich ist gerade jetzt bei einer starken Verschuldung der Landwirtschaft ein ungünstiger Augenblick zu derartigen Neuerungen. Aber es spielt vielfach wohl auch der hartnäckige Konservatismus des Bauern mit, der das Neue ablehnt, lediglich weil es neu ist. Wer den Gedanken einer Lebensversicherung einem Durchschnittsbauern nahelegt, wird finden, daß ihm diese Idee so neuartig vorkommt, daß er es sogar ablehnt, irgendeine Stellung dazu einzunehmen. Er schüttelt nur den Kopf und sagt: „Das ist nicht der Brauch!" Dazu kommt noch der in der Gegend verbreitete Aberglaube: Lebensversicherung bringt Unglück! Dennoch wollen wir hoffen, daß die Idee noch für sich werben wird. Denn von ihr ist sicher eine wesentliche Besserung der ungünstigen Austragsverhältnisse zu erwarten.

Soviel über den Austrag. Es fragt sich weiter: Mit wem wird der Austragsvertrag geschlossen? Wer übernimmt den Hof?

Eine absolut sichere Regel gibt es dafür nicht, gewissermaßen nur eine bedingte: Wenn keine besonderen Verhältnisse eine andere Regelung verlangen, so erbt den Hof das jüngste Kind. Zwischen Sohn und Tochter macht die Sitte hier keinen Unterschied. Es herrscht demnach das Minorat. Die Gründe dafür sind naheliegend.

Es wurde bereits erwähnt, daß der Erbe den Hof in der Regel übernimmt, bevor er heiratet. Bekäme der älteste Sohn, der etwa zunächst in Betracht kommt, den Hof, so hätte er entweder viel später erst die Möglichkeit zu heiraten oder der Vater müßte den Hof viel früher übergeben. Die oben erwähnten Interessengegensätze zwischen Übergeber und Übernehmer verschärfen sich noch wesentlich. Außerdem bedeuten frühe Übergaben eine stärkere Belastung des Gutes.

Jedoch ist das Minorat nicht so starre Sitte, daß die Bevölkerung irgendwelches Bedenken trüge, davon abzuweichen, sobald die Verhältnisse es vorteilhaft erscheinen lassen. Die häufigsten Ausnahmen sind wohl die, wo eines der Kinder die Möglichkeit einer besonders reichen Heirat hat. Dieses bietet die meiste Aussicht auf Abtragung der den Hof belastenden Schulden und auf eine gute Abfindung der Geschwister.

Eine Ausnahme tritt manchmal auch dann ein, wenn mit dem Gute ein Handwerk verbunden ist. Dann übernimmt das Gut selbstverständlich ein Sohn, der geneigt und fähig ist, das Handwerk weiterzuführen. Praktisch freilich richtet sich die Wahl des Erben nicht so häufig nach seiner Fähigkeit zum Handwerk als umgekehrt: Wer nach dem Willen der Eltern das Gut erben soll, der erlernt das Handwerk, so daß also auch hier eine Abweichung von der Sitte selten ist.

Wir gelangen zur letzten wichtigsten Frage: Wie geschieht die Abfindung der Geschwister?

Eine elterliche Bestimmung liegt nicht vor. Diese Regelung bleibt somit den Geschwistern untereinander überlassen.

Selbstverständlich erhalten unverheiratete Geschwister zunächst das Recht, mit auf dem Hofe zu wohnen und zu essen. Die dadurch eintretende Kommunhausung ist freilich nur als Übergang gedacht, bis die Geschwister heiraten. Da das jüngste Kind den Hof übernimmt, so ist meist schon ein größerer Teil der Geschwister verheiratet. Die im Hofe lebenden Geschwister arbeiten mit in der Hauswirtschaft, sobald sie aber schwere Feldarbeit verrichten, verlangen sie meist Bezahlung wie ein Knecht oder eine Magd.

Die eigentliche Abfindung besteht im „Heiratsgut". Bereits verheiratete Geschwister bekommen es, soweit es ihnen nicht schon bei der Heirat ausbezahlt wurde, beim Austrag. Ebenso diejenigen Geschwister, die vom Hofe fortziehen. Die am Hofe verbleibenden Miterben erhalten es, wenn sie heiraten.

Wie hoch ist nun diese Abfindung im Verhältnis zum Gut? Wir sind hier auf dem Punkte, zu entscheiden, ob das dort übliche Erbrecht im eigentlichen Sinne Anerbenrecht ist oder nicht.

Die Grundlage für diese Abfindung bildet natürlich das Gut. Aber niemals als kaufmännisch genau festgestellter Wert! L. Fick konstatiert ausdrücklich: Die Abfindungen berechnen sich weder nach dem Ertrags- noch nach dem Verkehrswert. Wie geht es dann vor sich? Es erscheint mir wahrscheinlich, daß der — wohl unbewußte — Ausgangspunkt für diese Schätzungen der Verkehrswert ist. Schon deshalb, weil der Bauer den Verkehrswert des Gutes zahlenmäßig viel genauer kennt, als den Ertragswert[1]. Denn Buchführung war in bäuerlichen Betrieben bis in die allerletzte Zeit nicht gebräuchlich. Er schätzt also den Ertragswert zwar, aber gerade bei dieser Schätzung wird immer im Unterbewußtsein der Verkehrswert als Grundlage dienen. Man weiß, soviel als es kostet, trägt das Gut nicht, wenn man sich auch über das genaue Verhältnis nicht klar ist. Man zieht alle Lasten und Schulden mit in Berechnung und auch wohl die praktischen Erfahrungen und schraubt so den Verkehrswert schätzungsweise zurück auf den „Ertragswert". Hier mag nun die Sitte einsetzen und den so gewonnenen „Ertragswert" für die Berechnung der Abfindungen noch weiter herabdrücken; sei es nun aus alter, in der früheren Grundherrschaft wurzelnder Gewohnheit, sei es in der klar bewußten Meinung, dem Übernehmer einen Vorteil

[1] In einer Antwort auf die Erhebungen über Gutszertrümmerungen heißt es (Beitr. z. Stat. im Königr. Bayern, Bd. 59, II, p. 6): „Die Geschwister dringen auf hohe Heiratsgüter und hohe Wertung des Anwesens. Der wirkliche Ertrag des Gutes, welcher bei der Abschätzung den Maßstab bilden sollte, wird nicht berücksichtigt, sondern der zufällig in der Nachbarschaft von einem Güterhändler für ein ähnliches Anwesen gegebene Preis. Das den Geschwistern ausgemachte Vermögen wird im Hypothekenbuche eingetragen. Wenn nun die Geschwister des Übernehmers heiraten, verlangen sie ihr Geld, das Anwesen bietet für solide Geldinstitute nicht mehr genügende Sicherheit und der Unternehmer wirft sich den Wucherern und Güterzertrümmerern in die Arme, denen nunmehr der Weg gebahnt ist."

zu lassen. Wir haben uns oben mehr der ersten Ansicht angeschlossen und zwar auch deshalb, weil auch bei reichen Gütern, wo ein vernünftiger Grund zu einer starken Bevorzugung des Übernehmers nicht vorliegt, die Sitte ebenfalls rein mechanisch wirkt. Jedenfalls besteht also das Anerbenrecht, wenigstens dem Sinne nach.

Man darf sagen: es besteht noch dem Sinne nach. Denn jene Sitte, das Anerbenrecht, ist im Abnehmen begriffen. Auch im Vilstal hört man allenthalben die Klagen, daß die weichenden Geschwister immer rücksichtsloser auf vollgültige Abfindungen drängen. Ein Gesetz, das dem Übernehmer eine Bevorzugung erzwingt, besteht nicht und so hat er nachzugeben.

Es ist aber auch die Frage geboten, ob das Anerbenrecht nicht nur dem Sinne nach, sondern auch tatsächlich besteht. Denn auch hier zeigt sich eine Entwicklung, die dem Anerbenrecht schädlich ist. Allenthalben, auch an der Vils, sind in letzter Zeit die Verkehrswerte des Bodens viel rascher gestiegen als der Ertragswert. Und allenthalben hört man auch die Klage, daß der Ertragswert unter dem Eindruck des hohen Verkehrswertes bei Übergaben weit überschätzt werde. Gerade das befürwortet die Meinung, daß der Verkehrswert der eigentliche Ausgangspunkt für die Abfindungen ist, weil eben bei der Schätzung des Ertragswertes unbewußt der Verkehrswert die Grundlage bildet. Ob tatsächlich Anerbenrecht besteht, läßt sich nicht objektiv feststellen, da ja die ganze Erbschaftsangelegenheit nach subjektiven Empfindungsmomenten geregelt wird. Fragt man Leute, die gute Kenner der landwirtschaftlichen Verhältnisse sind, ob der Hoferbe tatsächlich bevorzugt werde, so erhält man eine Bestätigung, aber eine bescheiden eingeschränkte, etwa in der Form: „Ja, es läßt sich wohl sagen, daß der Hoferbe etwas bevorzugt wird."

Will man das Erbrecht im Vilstal kurz charakterisieren, so muß man dem Übergangsstadium, in dem es sich befindet, gerecht werden. Es besteht noch das Anerbenrecht. Jedoch macht sich etwa seit 1880 eine Strömung bemerkbar, die in ihrem weiteren Verlaufe das Anerbenrecht zu untergraben droht und in ein Erbrecht mündet, das zwar das Gut an einen zu vererben trachtet, ohne ihn aber zu bevorzugen.

Und diese Charakteristik des geltenden Erbrechts läßt sich auf ganz Altbayern ausdehnen. Vor allem ist der Übergang des Gutes auf einen Erben fast durchweg die Regel. Nur einige Gemeinden sind davon ausgenommen. Es sind dies im Süden: Garmisch, Partenkirchen, Mittenwald und Oberammergau. Hier herrscht seit langer Zeit eine sehr lebhaft betriebene Holzschnitzerei, die den Leuten anderweitig Verdienst gibt; so erklärt es sich, daß die Landwirtschaft mehr als Nebenbeschäftigung betrachtet wird, weshalb kleine Grundstücke zur Bewirtschaftung genügen. Es wurde schon oben bei Besprechung der Grundbesitzverteilung auf den kleinen Grundbesitz im Bezirksamt Garmisch hingewiesen im Gegensatz zu den übrigen südlichen Bezirksämtern Oberbayerns. Noch schroffer zeigt sich dieser

Gegensatz in den folgenden Angaben Ficks über aneinandergrenzende Gemeinden. Demnach ist die Durchschnittsgröße eines Betriebes 1894 in:

Mittenwald	4,12 ha,	dagegen	Eschenlohe	28,50 ha
Oberammergau	4,87 „	„	Schwaigen	24,95 „
Partenkirchen	4,41 „	„	Oberau	23,46 „

Ist in diesen Gebirgsdörfern die Realteilung erklärlich, so ist sie um so auffallender in der Gemeinde Weiden, die inmitten der Oberpfalz liegt, einer Gegend mit ungeteilter Übergabe des Gutes. Weiden ist rein agrarisch, jedoch wurde dort früher viel Weberei, Gerberei und Handschuhmacherei betrieben und vielleicht ist es daraus zu erklären, daß sich die Sitte der Realteilung damals dort eingebürgert und bis heute erhalten hat. Das wäre wiederum ein Beweis, wie konservativ und rein mechanisch die bäuerliche Bevölkerung eine Sitte beibehält, selbst wenn die Bedingungen des Brauches sich längst geändert haben.

Sonst herrscht in ganz Altbayern das System der Übergabe an einen Erben. Minorat und Majorat wechseln sehr stark. Im allgemeinen herrscht im Norden mehr das Minorat, im Süden mehr das Majorat. Dabei ist das Minorat meist strenger durchgebildet. In der Oberpfalz, wo mit nur wenigen Ausnahmen das Minorat herrscht, ist es so eingebürgert, daß der jüngste Sohn, im Falle daß er verzichtet, Anspruch auf ein Abstandsgeld oder auf ein größeres Erbteil hat. Dieser Umstand läßt vielleicht noch auf das Vorhandensein eines tatsächlichen Anerbenrechtes schließen. Dagegen herrscht wie im Vilstal, so in ganz Niederbayern das Minorat nur als zwangloser Brauch, der ohne weiteres umgangen wird, wenn es vorteilhaft erscheint. Ebenso zwanglos ist auch das Majorat, das fast ausnahmslos in Oberbayern herrscht. Nur aus dem Nordwesten (Ingolstadt) berichtet Fick, daß hier das Majorat ebenfalls den Charakter eines förmlichen Rechtes für das erstgeborene Kind habe, das abgekauft werden müsse. Aber gerade auch in dieser Gegend klagt man über Nachteile, die mit dem Majorat notwendig verbunden sind: die Eltern übergeben schon im Alter von 45—50 Jahren. So wird der Austrag zu einer übergroßen Last für das Gut. Dazu werden hier — es handelt sich um die Hopfengegenden Pfaffenhofen, Schrobenhausen — die Güter gern nach einem guten Erntejahr übergeben und die Ernte des letzten Jahres wird als Maßstab für den Übernahmspreis genommen. Hier kann somit von einer Bevorzugung des Hoferben kaum die Rede sein.

Sehr unregelmäßig ist das Erbrecht im Bayrischen Wald. Die Gegend ist sehr arm, und die Not ist ein zwingenderes Gesetz als die Sitte. Sitte ist auch hier, das Gut einem Erben zu überlassen. Die weichenden Erben bekommen oft gar keine Abfindung. Wenn etwas Habe vorhanden ist, dann ziehen die Geschwister häufig fort; die überseeische Auswanderung ist sehr beliebt. Sie verlangen Abfindungen in Kapital, was für die Güter äußerst drückend ist. In anderen Fällen kommt es nicht selten zu Realteilungen oder Kommunhausungen.

Kommunhausungen haben ihre Vor- und Nachteile. Fick erwähnt ein Gutachten aus der Enquete, das die Kommunhausungen als äußerst ersprießlich preist. Man erspart Arbeitslöhne, die Geschwister verrichten die Wirtschaft, alle haben ein sehr hohes Interesse an einer möglichst sorgfältigen und intensiven Bearbeitung des Bodens und so wird ermöglicht, ein verschuldetes Gut, statt es noch mehr zu verschulden, zu heben. Das ist theoretisch sicher richtig. Praktisch aber ist die Kommunhausung, wie nach Fick aus den anderen Gegenden übereinstimmend berichtet wird, die „mater rixarum". Was mir an der Kommunhausung vor allen Dingen bedenklich erscheint, ist der Mangel eines eigentlichen „Herrn", und damit der Mangel an Disziplin. Alle fühlen sich gleichberechtigt, jeder handelt nach seinem eigenen Kopfe und keiner will den anderen hören. Das ist für jede Wirtschaft äußerst schädlich. Dazu ist der Vorteil der Kommunhausung selbstverständlich an die Bedingung geknüpft, daß das Gut so groß oder die Anzahl der Geschwister so klein ist, daß ihre volle Arbeitskraft vom Gute aufgenommen werden kann. Wenn trotz intensivster Wirtschaft ein Teil der Arbeitskraft brachliegt, so ist das Gut allein nicht fähig, sie alle zu ernähren, und wenn nicht ein Nebenverdienst beschafft wird, ist die Folge Armut ohne Ende. Überhaupt ist es sehr zweifelhaft, daß Kommunhausung praktisch immer einen Übergang zu intensiverer Wirtschaft bedeutet. Der Übergang zu intensiverer Wirtschaft erfordert nicht nur mehr Hände, sondern vor allem mehr Geld und hoffnungsfreudige Tatkraft. Eine sich durch Generationen forterbende tiefe Armut macht aber erfahrungsgemäß fatalistisch und lähmt den Unternehmungsgeist. Daß Not erfinderisch macht, ist eine Wahrheit, die sich viele Einschränkungen gefallen lassen muß. Und Kommunhausung ist im Bayrischen Wald sehr häufig ein Ausfluß der Not.

Damit ist das in Altbayern geltende Erbrecht dargelegt. Stellt man das Gesamtresultat fest, so darf man von den verhältnismäßig wenigen Ausnahmen absehen und sagen: In Altbayern besteht ein — freilich bedeutend abgeschwächtes — Anerbenrecht.

Man ist allgemein der Überzeugung, daß das Anerbenrecht für die bäuerliche Landwirtschaft sehr vorteilhaft sei. Es hindert die zu große Zersplitterung des Bodens, hält die Güter in festen Komplexen beisammen, vermeidet ein ständiges Hin- und Herschieben von kleinen Parzellen und erhält einen kräftigen bäuerlichen Mittelstand. Es ist aber sicher, daß das Anerbenrecht auch seine Nachteile hat. Unter gesunden Verhältnissen mögen die Nachteile durch die Vorteile weit überwogen werden. Es können aber Voraussetzungen eintreten, wo die Nachteile des Anerbenrechtes sehr drückend werden, und es wäre hier eigentlich der Platz, bestimmt und konkret zu fragen: Wie wirkt das Anerbenrecht gegenwärtig in Altbayern? Um diese Frage zu beantworten, ist es jedoch nötig, weiter auszugreifen.

Wir versagen es uns hier daher, sofort darauf zu antworten, fragen vielmehr im nächsten Abschnitt zusammenfassend: Wie weit ist die Klage über die „Not der Landwirtschaft" in Altbayern durch Erbrecht und Besitzverteilung begründet? Welche Vorschläge und Mittel suchen diese Not zu lindern? Dieser Abschnitt soll uns zugleich dienen als Schlußwort zu den Ausführungen über das Erbrecht und als Einleitung zu jenem über die Güterzertrümmerung.

IV.

Die Grundbesitzverteilung und die Notlage der Landwirtschaft.

Auch in Altbayern ist das Wort „Notlage der Landwirtschaft" zu einem geflügelten geworden, sehr betont von agrarischen Kreisen, meist bestritten von nichtagrarischen. Es ist für Außenstehende sehr schwer, so tief in die Verhältnisse hineinzusehen, um sich ein ungetrübtes Urteil bilden zu können. Man muß sich an die äußeren Merkmale halten und diese sodann, soweit möglich, auf ihre Ursache prüfen.

Ein Merkmal wirklicher Notlage ist vorhanden: die starke Zertrümmerung in allen Größenklassen bäuerlicher Güter. Was treibt die Bauern zu so massenhafter Zertrümmerung? Ist es bereits eingetretene Überschuldung, oder ist es Furcht vor Überschuldung, die vorbeugend zertrümmert? Die Statistik über die Ursachen der Zertrümmerung ist wenig glaubwürdig. Dennoch ist es nicht ohne Interesse, wenn sie „ungünstige Gutsübernahme, Überschuldung, Kapitalskündigung" nur in 15% aller Zertrümmerungsfälle angibt (1894—1904). Weiter läßt sich nichts Wertvolles aus dieser Statistik herauslesen. Wir müssen uns daher an die Verhandlungen der landwirtschaftlichen und parlamentarischen Körperschaften wenden, die über diese Frage gepflogen wurden. Und in all diesen Verhandlungen spielt der Mangel an Dienstboten eine so große Rolle, daß man wohl in dieser „Dienstbotennot" eine Hauptursache der Zertrümmerung sehen darf.

Es ist daher nicht erlaubt, aus der starken Zertrümmerung ohne weiteres auf eine Überschuldung der Landwirtschaft zu schließen. Zertrümmerung ist keine Zwangsversteigerung, sondern ein Vorbeugemittel gegen Zwangsversteigerung, gegen Überschuldung. Mag nun auch wahrscheinlich eine starke Verschuldung der Landwirtschaft eingetreten sein, so muß man doch für den Ausgangspunkt der Notlage der Landwirtschaft zunächst mehr allgemein Mangel an Rentabilität nehmen. Und es ist vonnöten, ehe man anfängt, Maßregeln gegen diese Notlage zu treffen oder zu besprechen, nach den Ursachen jener ungenügenden Rentabilität zu forschen.

Ganz allgemein kann mangelnde Rentabilität zunächst drei Ursachen haben:

1. Ungünstige Absatzverhältnisse. Es geht wohl nicht an, bei der Landwirtschaft, die die zum Leben unentbehrlichsten

Produkte liefert, die außerdem durch eine hohe Zollwand gegen ausländische Konkurrenz gedeckt ist, von ungünstigen Absatzverhältnissen zu sprechen. Sollte es aber dennoch jemand wagen, so ist dem entgegenzuhalten, daß dies allzu pessimistisch ist; es ist vielmehr zu hoffen, daß an unserer Landwirtschaft etwas nicht in Ordnung, d. h. verbesserungsfähig ist, daß an ihrer Konkurrenzunfähigkeit nicht nur die Kraft ausländischer Landwirtschaften schuld ist, sondern ihre eigene Schwäche, die sich beheben lassen wird. Das nehmen wir an, um nicht an unserer Landwirtschaft verzweifeln zu müssen. Und wir hören somit noch nicht auf, nach der Ursache der landwirtschaftlichen Notlage zu fragen. Außerdem ist festzustellen, daß die Preise der landwirtschaftlichen Produkte in den letzten Jahren erheblich gestiegen sind, die Absatzverhältnisse haben sich infolge der genossenschaftlichen Verbände sehr gehoben. Die Lage der Landwirtschaft aber hat sich nicht gebessert.

1. Zu hohe Betriebskosten. Dieser Punkt hängt sehr eng mit dem vorigen zusammen, weil ja die Gunst oder Ungunst der Absatzverhältnisse überhaupt nur im Zusammenhang mit den Produktionskosten betrachtet werden kann. Es ist also zu fragen: haben sich die Produktionskosten so wesentlich verteuert, daß sie die Verbesserungen der Absatzverhältnisse aufwiegen? Sicher ist, daß die Instandhaltung des Gutes immer mehr Kosten verschlingt. Werkzeuge und Gerätschaften steigen im Preise, die Handwerker, die für die Bauern arbeiten, müssen unter der allgemeinen Teuerung mehr fordern als früher. Der Bauer erfährt aber hier nichts Schlimmeres, als die Gesamtbevölkerung. Und die Preissteigerung der landwirtschaftlichen Produkte ist nicht der letzte Grund der allgemeinen Teuerung. Andererseits hat sich aber der landwirtschaftliche Betrieb gebessert. Viele Meliorationen, zum großen Teile mit Staatsmitteln, sind durchgeführt worden, und es ist kaum anzunehmen, daß sich die Produktionskosten zu sehr verteuert haben. Eine Ausnahme ist jedoch hier zu machen. Auf großen Bauerngütern, wo man größtenteils auf Dienstboten angewiesen ist, macht sich die „Dienstbotennot" geltend.

Die „Dienstbotennot" ist eine vielbesprochene, in ihren Ursachen noch durchaus nicht erklärte Erscheinung. Es ist in der Tat merkwürdig: das Land, das einen ungeheuren Überschuß an Menschen produziert, leidet an Arbeitermangel, in der Stadt, wo die natürliche Vermehrung wesentlich geringer ist, staut sich ein Überfluß von Menschen, so daß man nach Arbeitslosenversicherung schreit. Wie ist das zu erklären?

Die Art, wie in den betreffenden Gegenden, etwa in der Provinzpresse, die Dienstbotenfrage behandelt wird, ist nicht ganz frei von Gehässigkeit. Man möchte demnach den Eindruck gewinnen, als wäre es hier die harte Arbeit, die strengere Aufsicht, was abschreckt, dort die Vergnügungssucht und die mehr lockeren Sitten, was anzieht. Was zunächst die „Sittenlosigkeit der Großstadt" betrifft, so wird jeder, der das Landvolk unbefangen beobachtet, bestätigen, daß auch „ländlich" durchaus nicht „sittlich" ist. Daß die „Vergnügungen" der Stadt jene Anziehungskraft ausüben, ist eine Teilwahrheit. Nicht die Vergnügungen, das Stadtleben überhaupt, das viel reicher ist an Anregungen und Reizen als das Land! Darin liegt sicher eine Überlegenheit der Stadt, die mit Recht stark anzieht. Unmerklich ändert sich das Bauernkind in der Stadt; beim Militärdienst kommt der Bauernbursche meist zum ersten Male in Berührung mit der Großstadt. Neue Eindrücke stürmen von allen Seiten auf ihn ein. Er kommt in Berührung mit der ihm völlig unbekannten modernen Kultur. Und aus dem ersten Staunen erwacht der Wunsch, zu begreifen. Neue — meist sozialdemokratische — Ideen treten an ihn heran, und er sieht zum ersten Male, daß man die Welt auch anders ansehen kann, als man es zu Hause tut. Und das ist ein Fortschritt! Mag er auch zunächst geneigt sein, sich den neuen Ideen hinzugeben, die anerzogenen Begriffe über Leben und Welt lassen ihn nicht ohne weiteres los. Er muß sich mit ihnen auseinandersetzen, er lernt das Denken. Dabei entdeckt er seinen Mangel an Wissen. Daher die Beobachtung, daß in der städtischen Arbeiterschaft ein starker Bildungsdrang herrscht, den man an Bauernknechten nicht beobachten kann. Diesen kulturellen Unterschied zwischen ländlichen und städtischen Arbeitern sieht der Neuling sehr bald, er sieht aber auch, daß die städtische Arbeiterschaft straff organisiert ist, eine politische Macht darstellt, und daß sie ein sehr starkes Standesbewußtsein hat. Alles Punkte, die sie über die ländliche stellen! Das alles zusammen sind die psychologischen Momente, die stark an die Stadt fesseln, die gerade auf die geistig Gwecktesten am stärksten wirken müssen.

Es ist dennoch kaum wahrscheinlich, daß diese psychologischen Beweggründe so schwerwiegend wären, daß sie starke wirtschaftliche Nachteile aufzuwiegen vermöchten, wenn solche vorhanden wären. Der städtische Arbeiter verdient mehr, dafür hat er aber für Nahrung und Wohnung selbst zu sorgen. Schon darin aber liegt eine Freiheit, die der Landarbeiter nicht hat. Und wenn die Arbeiterwohnungen in der Stadt schlecht sind, so sind die Wohnungsverhältnisse der ländlichen Dienstboten kaum besser. Was die Nahrung betrifft, so wurde von landwirtschaftlichen Kreisen im Landtage sehr betont, daß sie gut sei, mit der einleuchtenden Begründung, infolge der starken Konkurrenz der Bauern um den Dienstboten müßten sie diesen gut behandeln. Andererseits muß aber als Tatsache festgestellt werden, daß die Klagen über eine Verschlechterung der Kost nicht selten sind. Ja, es ist vorgekommen, daß Bäuerinnen ihr reines Schmalz in die Stadt brachten, dort billiges Surrogat kauften und damit für ihre Dienstboten (und auch für ihre Familie) kochten. Das sind sicher Ausnahmen. Aber sie sind erwähnenswert, weil ihre Wirkung sehr nachteilig ist. Gerade diese Ausnahmen sprechen sich herum, man legt ihnen — mit Unrecht! — typischen Wert bei, und so sind gerade diese Ausnahmen geeignet, das Ansehen der Bauern als Dienstherren schwer zu schädigen. Soweit diese Klagen berechtigt sind, darf man die Bauern wohl durch ihre wirklich schlimme finanzielle Lage entschuldigen. Eines jedoch erweckt schwere Bedenken: hier liegt ein höchst fataler „circulus vitiosus“ vor: Wegen der Dienstbotennot rentiert ein großes Gut schlecht, weil das Gut schlecht rentiert, kann sich der Bauer die Kosten der Dienstboten nur schwer leisten und knausert an ihnen, weil er an Dienstboten knausert, wird die Dienstbotennot immer größer. Eine Schraube, die sich immer tiefer in den bestehenden Übelstand einfrißt!

Unter Dienstbotennot versteht man allgemein auch die Kalamitäten mit den Erntearbeitern. Ja, gerade diese können wegen der Wichtigkeit einer guten, glatt sich abwickelnden Ernte sehr schwerwiegend werden. Die Kalamität besteht auch hier in einem starken Mangel an Erntearbeitern; infolgedessen ist der Arbeiter teuer und anspruchsvoll. Der letzte Grund liegt auch hierfür in der Konkurrenz der Industrie mit der Landwirtschaft um den Arbeiter. Dennoch muß man aber zwischen Dienstboten und Erntearbeiter unterscheiden. Früher arbeiteten auf dem Hofe fast nur Dienstboten, d. h. Leute, die auf unbestimmte Zeit zu dem Bauern in ständigem Dienstverhältnis standen. Im Sommer bestellten sie die Felder, im Winter druschen sie. Seit Einführung der Dreschmaschine änderte sich das. Für den Winter wurde der größte Teil der Arbeitskräfte frei. Der Bestand an Dienstboten sank stark. Für die Erntemonate aber entsteht jedes Jahr eine äußerst dringende Nachfrage nach Arbeitskräften, die in kein dauerndes Dienstverhältnis zum Bauern treten. In diesem Umstand, daß die Landwirtschaft zu einem großen Teile gerade für die wichtigste Zeit des Jahres auf Saisonarbeiter angewiesen ist, liegt eine Verschlimmerung ihrer Lage. Denn der Erntearbeiter steht moralisch weit unter dem Dienstboten. Der Dienstbote verwächst mit dem Hof, er nimmt Anteil an seinem Geschick und gewinnt so Interesse und Freude daran, daß der Hof gedeiht und gut bewirtschaftet wird. Der Erntearbeiter ist gleichgültig; er sieht auf seinen persönlichen Vorteil, der heißt: für möglichst wenig Arbeit möglichst hohen Verdienst. Und darin liegt auch die Wurzel eines Mißstandes, den man oft beklagen hört: daß nämlich nicht mehr das alte patriarchalische Verhältnis zwischen dem Bauern und seinen Dienstboten besteht wie früher. Der Erntearbeiter degradiert den Dienstboten! Mit dem Erntearbeiter verwächst auch der Bauer nicht. Der Gegensatz: hier Arbeitgeber, dort Arbeitnehmer, prägt sich stark aus. Während der Ernte aber steht der Dienstbote als „Auch-Arbeitnehmer“ auf Seite und Partei des Erntearbeiters. Das bleibt nicht ohne Einwirkung auf seine Stellung zum Bauern überhaupt. Es arbeitet sich auch hier der wirtschaftliche und soziale Gegensatz mehr heraus. Der Dienstbote sinkt in der Achtung und Sympathie des Bauern. Diese subjektive Entwertung hat die objektive unmittelbar zur Folge. Denn sobald das patriarchalische Verhältnis schwindet, sobald der Interessengegensatz „Dienstherr — Dienstknecht“ erwacht, verwächst der Dienstbote nicht mehr mit dem Hof, er ist mehr bedacht auf seinen persönlichen Vorteil, als auf den des Gutes.

Durch das Aufkommen der Dampfdreschmaschine und der Erntearbeiter wurde die Landflucht wiederum sehr begünstigt. Denn die

Aufnahmefähigkeit des Landes an Arbeitskraft und damit an Menschen ist dadurch stark gesunken. Bei einem Teil ihrer Arbeiter, wo die Landwirtschaft im ganzen Jahre eine ganze Arbeitskraft verwendete, da hat sie jetzt — theoretisch gesprochen — nur für etwa ein Drittel Verwendung. Durch die starke Industrialisierung der Städte ist dort eine heftige Nachfrage nach Arbeitskraft entstanden. Gerade die Besten suchen selbstverständlich eine ständige Existenz, wo sie das ganze Jahr hindurch in einem Betriebe Arbeit und Verdienst finden. So saugen die Städte das Land aus, und wenn die Landwirtschaft zwei Drittel der Arbeitskraft ihrer Arbeiter nicht brauchen kann, so sucht der Arbeiter seine ganze Arbeitskraft dort anzubieten, wo man dafür Verwendung hat. So wird für jenes „Drittel" das Angebot nur gering sein, und da die Nachfrage zur Zeit des dringendsten Bedürfnisses im Jahre erfolgt, so wird es verhältnismäßig viel teurer kommen, als eine ständig am Hofe beschäftigte ganze Arbeitskraft.

Aus dem Gesagten ergibt sich, daß die Landflucht, die Dienstbotennot, keineswegs auf Willkür und Unverstand beruht. Es ist daher nicht richtig, wie man vielfach glaubt, man könne eine so tief in unserer Kultur wurzelnde Erscheinung durch bloße Worte, durch „Belehrungen in den Schulen" usw. bessern, man könne dadurch die „Liebe zur heimatlichen Scholle" wecken. Gewiß soll man dies nicht unversucht lassen, aber ein Allheilmittel darf man darin nicht sehen. Gebt jedem ein Stück Land zu annehmbaren Bedingungen, damit ihm die Scholle wirklich heimatlich wird, und die Liebe zu ihr erwacht von selber! Solange man ihn nur als Bauernknecht brauchen kann, ist er mutig genug, dahin zu gehen, wo ihm das Leben mehr verspricht, selbst auf die Gefahr hin, daß ihn die Konkurrenz aller gegen alle erdrückt.

Es scheint demnach, daß die Betriebskosten hauptsächlich durch die Dienstbotennot so erheblich gesteigert wurden, daß es von Einfluß auf die Lage der Landwirtschaft ist. Daraus folgt, je mehr ein Gut auf Dienstboten angewiesen ist, je größer es also ist, desto teurer wird seine Bewirtschaftung verhältnismäßig sein. Dies bestätigt auch die Güterzertrümmerungsstatistik, nach der innerhalb der großen Güter die Zertrümmerung ungemein stärker wütet, als innerhalb der mittleren und kleineren. Man könnte also von einer „Notlage der Landwirtschaft im allgemeinen und der großen Bauern im besonderen" sprechen. Das Symptom einer Notlage, eine verhältnismäßig starke Zertrümmerung, bleibt freilich auch für die mittleren und kleineren Güter bestehen, und wir müssen daher noch weiter nach ihren Gründen fragen. Und damit kommen wir zur dritten Ursache, die einen Betrieb unrentabel machen kann.

3. Zu teuere Übernahme des Betriebes (Überzahlung). Die Klage, daß der Bodenpreis viel zu teuer ist, daß der Verkehrswert den Ertragswert weit übersteigt, ist allgemein. Es besteht in Bayern keine Bodenpreisstatistik. Jedoch hat Stechele[1] eine Bodenpreis-

[1] Dr. J. Stechele, Über die Bewegung der landwirtschaftlichen Güterpreise in der Oberpfalz 1900—1910. München 1912.

statistik für vier Rentämter der Umgebung Regensburgs aufgestellt und die Preissteigerung zu erklären versucht. Diese Statistik dürfte wohl typischen Wert haben, so daß wir uns mit Hilfe der dort gegebenen Zahlen einigermaßen ein Bild der Bodenpreisbewegung in Altbayern machen können.

Stechele: „Es kostete 1 ha im Durchschnitt des Jahres in den vier Rentämtern:

1900:	832 M.	1906:	1238 M.
1901:	1100 „	1907:	1218 „
1902:	1076 „	1908:	1410 „
1903:	1077 „	1909:	1349 „
1904:	1337 „	1910:	1646 „
1905:	1215 „		

Im Durchschnitt der Jahre 1900—1910 beträgt der Preis 1227 M.“

Die gesamte Preissteigerung beträgt 98 %. In den Jahren 1901 bis 1909 beträgt sie nur 23 %, was, wie Stechele betont, sich mit den Angaben der Regierung (24 %) und denen der Landwirtschaftsbank (30 %) ungefähr deckt.

Was die Preise so sehr in die Höhe trieb, war der Parzellenkauf. Stechele berichtet, daß die Preissteigerung ohne Parzellenbesitz statt 98 % nur 53 % beträgt. Dies zeigt folgende Tabelle, die aus der Schrift Stecheles angeführt sei.

Preisbewegung nach Größenklassen in den vier Rentämtern (Kaufpreise). Die Preise verstehen sich auf den ha.

Jahr	Parzellen (bis 2 ha)	Kleinbäuerl. Bes. 2—5 ha	Mittelbäuerl. Bes. 5—20 ha	Großbäuerl. Bes. 20—100 ha
1900	2357	1107	975	713
1901	1816	1325	1066	979
1902	2404	1120	1224	864
1903	3156	1357	1011	893
1904	2955	1098	1249	1004
1905	3065	1317	1309	939
1906	2658	1259	1079	1310
1907	3430	1597	1541	1259
1908	3464	1480	1439	1192
1909	3498	1874	1406	1078
1910	2291	1719	1499	1100
1900/10	2827	1387	1254	1023
Besitzwechselfälle	240	162	209	74

Daneben ist von Wichtigkeit noch folgende, von Stechele aufgestellte Tabelle, welche das Verhältnis des Kaufpreises zum Übernahmspreis darstellt.

Durchschnittspreis pro ha:

Jahr	Kaufpreis	Übernahmspreis
1900	832 M.	769 M.
1901	1100 „	731 „
1902	1076 „	731 „
1903	1077 „	909 „
1904	1337 „	832 „
1905	1215 „	819 „
1906	1238 „	858 „
1907	1218 „	709 „
1908	1410 „	834 „
1909	1349 „	674 „
1910	1646 „	850 „
1900/10	1227 M.	792 M.
Mehrung	98 %	10 %
Besitzwechselfälle	686	557

Im Durchschnitt beträgt die Preissteigerung bei den Übernahmen in den vier Rentämtern 10 %, ist also im Vergleich zu den Kaufpreisen sehr gering.

Es scheint jedoch, daß dieser statistischen Berechnung der prozentualen Steigerung nicht viel Wert beizulegen ist. So muß schon auffallen, daß 1900 der Übernahmspreis sehr hoch, der Verkaufspreis dagegen geradezu erstaunlich niedrig ist, so daß Stechele selbst sagt: „M. E. ist es wohl möglich, daß gerade im Jahre 1900 vielleicht zufälligerweise ein ungewöhnlich niedriger Stand der Durchschnittspreise sich ergeben hat, und daß die weiter zurückliegenden Jahre bei einer Untersuchung etwas höhere Preise zutage gefördert hätten." Man muß daher das Jahr 1900 beiseite lassen und die Steigerung 1901—1910 ausrechnen; dann ergibt sich für den Kaufpreis +49,6 %, den Übernahmspreis +16,5 %. Hegt man nun noch Mißtrauen gegen den auffallend hohen Kaufpreis des Jahres 1910 (das Stechele nur mehr zur Hälfte in Betracht ziehen konnte), hält man ferner für das Jahr 1909 den überaus niedrigen Übernahmspreis von 674 M. für zufällig und macht den Versuch einer neuen Berechnung für den Zeitraum 1901—1908, so ergibt sich als die prozentuale Steigerung des Verkaufspreises +28,1 %, des Übernahmspreises +14,0 %. Wir haben die prozentuale Steigerung hier und dort in drei Stichproben berechnet und gefunden:

	Steigerung des Kaufpreises	Steigerung des Übernahmspreises	Verhältnis der Steigerung des Kaufpreises zu der des Übernahmspreises
1900/10	+ 98 %	+ 10 %	ca. 10 : 1
1901/10	+ 49,6 %	+ 16,5 %	ca. 3 : 1
1901/08	+ 28,1 %	+ 14,0 %	ca. 2 : 1

Daraus ist ersichtlich, daß diese Berechnungen rein zufällige und keine typischen Resultate bedeuten. Stechele stellt ferner bei einer Berechnung des Verhältnisses des Übernahmspreises zum Verkehrspreise in den Jahren 1908, 1909, 1910 fest, daß der Übernahmspreis steigend 63 %, 64 %, 65 % des Verkaufspreises betrug; demnach müßte der Übernahmspreis sogar schneller gewachsen sein in dieser Zeit, als der Verkehrswert. Nach Anwendung aller gebotenen Vorsicht scheint nur festzustehen, daß einmal der Übernahmspreis ungefähr $^2/_3$ des Verkehrswertes beträgt, und daß er bestrebt ist, dieses Verhältnis einzuhalten, d. h. dem Steigen des Verkehrswertes prozentual nachzukommen.

Als Ursachen dieser Preissteigerung nennt Stechele vier: „a) Faktoren, die infolge technischer und wirtschaftlicher Verbesserungen eine Steigerung des Roh- und Reinertrages des Bodens, b) die eine Steigerung der pflanzlichen und tierischen Produkte der Landwirtschaft auf natürlichem oder künstlichem Wege bewirkten, c) die eine zweckmäßigere und vorteilhaftere Verwertung und Vermittlung dieser Produkte zum Ziele haben, d) die durch sonstige, mehr außerhalb der Natur des Landwirtschaftsbetriebes liegende äußere Ursachen (Fideikommisse, Güterzertrümmerung), eine Preishebung mit herbeigeführt haben."

Die durch die ersten drei Ursachen hervorgerufene Preissteigerung sieht Stechele als normal und der Steigerung des Bodenertrages entsprechend an. Sie käme somit für uns hier nicht in Betracht; für uns hat nur Interesse, ob die Preissteigerung die Wertsteigerung überholt hat. Aber selbst die so einleuchtend erscheinende Berechnung Stecheles gilt kaum unter allen Umständen. Selbst jene Faktoren der Wertsteigerung sind unter gewissen Bedingungen geeignet, den Preis über den tatsächlichen Ertragswert hinauszutreiben. Es sei hier eine Stelle aus der Begründung zum Gesetzentwurf gegen die Güterzertrümmerung angeführt: „Durch die höheren Erträgnisse der landwirtschaftlichen Produkte in den letzten Jahren und durch die Vervollkommnung des landwirtschaftlichen Betriebes in technischer Beziehung hat sich der Wert für den Landwirt erheblich gesteigert, der in der Lage ist, ihn intensiv zu bewirtschaften. Dieser Steigerung des Ertragswertes ist naturgemäß auch eine Erhöhung des Verkehrswertes gefolgt, die aber in Gegenden mit extensivem Betrieb nicht mehr dem tatsächlichen Ertragswert entspricht. Dadurch erklärt es sich, daß die Güterzertrümmerung besonders in Ober- und Niederbayern den größten Umfang hat, wo der mittlere und großbäuerliche Betrieb besonders stark vertreten ist, dessen Besitzer teils infolge des Arbeitermangels, teils wegen Mangels genügenden Betriebskapitals eine intensive Wirtschaftsweise nicht einführen können." Wir sehen wieder: „Not der Landwirtschaft im allgemeinen und der großen Bauern im besonderen!" Die Notlage der großen Bauern entspringt aus der Dienstbotennot. Diese vermindert den Ertragswert des Gutes, während der objektive Wert des Bodens bedeutend steigt. Haben nun die Übernahmspreise das Bestreben, mit dem Wachsen des Preises zu steigen, so wird das Gut bald überschuldet und reif zum Verkauf sein.

Wirkt der Verkauf und die sich meist anschließende Zertrümmerung noch weiter preissteigernd?

Damit gelangen wir zum vierten der von Stechele angeführten Gründe für die Preissteigerung (d). Daß der verhältnismäßig wenig fideikommissarisch gebundene Grund (vgl. Kapitel II) die Preise in die Höhe getrieben habe, darf man wohl mit Stechele ablehnen. Die Zertrümmerung hingegen galt lange in der öffentlichen Meinung als die Quelle alles Übels. Stechele hat die Wirksamkeit dieses Umstandes mit Recht sehr eingeschränkt. Mögen auch das Gebaren der Güterhändler, das raffinierte Aufreizen der Kauflust, ihre Überredungskunst und all die anderen noch übleren Mittel dort und da den Preis gesteigert haben, von ausschlaggebender Bedeutung ist das nicht.

Aber vielleicht war der öffentliche Instinkt doch auf dem rechten Wege. Nur war er, wie meistens, oberflächlich. Nicht die Zertrümmerung selbst darf man als letzte Ursache annehmen, man muß eine Stufe tiefer steigen: welches sind die Ursachen der Zertrümmerung?

Hier geraten wir auf ein Gebiet, worauf sich freilich exakt statistisch nicht mehr arbeiten läßt. Aber Stechele selbst spricht von zweierlei Gründen für die Preissteigerung, „solche, die sichtbar und wägbar, aber auch solche, die überhaupt nie greifbar und feststellbar sind". Diese letzten hat Stechele vielleicht mit Absicht vernachlässigt; er wollte sich auf keine „Vermutungen" einlassen. Es steht aber durchaus nicht fest, daß eine Ursache, wenn man sie nicht konkret wägen kann, unbedeutender sei. Und da der Mensch im allgemeinen geneigt ist, das Sichtbare und Wägbare stark zu übertreiben, so ist es gut, das Nicht-Greifbare ab und zu stark zu betonen!

Die Voraussetzung der Zertrümmerung ist: hier ein Angebot an geschlossenen Gutskomplexen, dort eine Nachfrage nach Parzellen. Sollte sich nicht aus der einfachsten Preisbestimmungsformel, dem Verhältnis zwischen Angebot und Nachfrage, auch die Preissteigerung des landwirtschaftlichen Bodens erklären lassen?

Der Charakter der Besitzverteilung war bis vor kurzem bestimmt durch das Vorherrschen des großen und mittleren Bauerngutes, und das Erbrecht hatte das Bestreben, diese Grundbesitzverteilung aufrecht zu erhalten. Zu gleicher Zeit vermehrte sich die Bevölkerung stark und — dies muß in diesem Zusammenhang immer berücksichtigt werden! — es setzte eine starke Industrialisierung in den Städten ein, so daß der Volksüberschuß des Landes in der Stadt Aufnahme finden konnte. Seitdem herrscht erfahrungsgemäß diese dreistufige Skala der beruflichen Wertschätzung: Lieber als unselbständiger Arbeiter auf dem Lande ist man unselbständiger Arbeiter in der Stadt, aber noch lieber als unselbständig in der Stadt ist man selbständig auf dem Lande, als Besitzer eines kleinen Gütchens. So erklären sich aus gemeinsamer Ursache beide Faktoren der Güterzertrümmerung, die Dienstbotennot, die die großen Güter unrentabel macht und das große Angebot bewirkt, und der „Landhunger", die Ursache der starken Nachfrage nach Parzellen, die das Güterzertrümmerungsgeschäft erst rentabel und möglich macht. Und die gemeinsame

Ursache ist die Spannung zwischen der beharrlichen Stabilität der Grundbesitzverteilung und der rasch fortschreitenden Volksvermehrung. Und die Güterzertrümmerung ist nichts weiter, als ein selbsttätiges Ventil, in dem sich diese Spannung zu entladen sucht. Der Landhunger war größer als das Angebot, daher die enorm steigenden Preise, besonders für die Parzellen, daher auch die starke Verschuldung des kleineren Grundbesitzes. Ausgegangen ist die „Notlage der Landwirtschaft" von der Not der großen Güter, sekundär ist erst die Notlage, wenn man hier von einer solchen sprechen kann, im kleineren Grundbesitz.

Wir haben hier als das eigentliche Wesen der Notlage der Landwirtschaft die Dienstbotennot und die übertriebene Preissteigerung des landwirtschaftlichen Grundes gefunden. Unter dem Einfluß beider Faktoren ist das Erbrecht zu einer Last geworden. Den ungeheuren Überschuß an Menschen, den die Landwirtschaft ständig von sich stößt, hat sie „abzufinden", und zwar unter dem Einfluß der weit über den Ertragswert gestiegenen Preise. So entsteht eine schwere Belastung der Landwirtschaft zugunsten fremder Berufsarten. Die Besitzverteilung historisch gegeben und durch das Erbrecht festgehalten, entspricht einer dünneren Bevölkerung. Nimmt nun die Bevölkerung stark zu, so tritt jene Spannung ein, die oben geschildert ist, die Güter werden im Durchschnitt zu groß, es tritt das Bedürfnis ein, die Besitzverteilung zu ändern, die Betriebszahl zu vermehren und die Güter zu verkleinern[1].

Von diesem Standpunkte aus betrachten wir nunmehr die Vorschläge und Maßnahmen, die auf dem Gebiete des Erbrechts und des Güterhandels gemacht und getroffen wurden. Der Grundfehler ist nach unserer dargelegten Auffassung, daß man als die letzte Wurzel alles Übels den Güterhandel ansah und nicht zugeben wollte, daß doch dieser auch wieder seine Ursachen und damit seine Daseinsberechtigung habe. Daher gingen viele Vorschläge darauf hinaus, den Güterhandel mit Gewalt zu unterdrücken, d. h. sich gegen eine Bewegung zu stemmen, die durch die Entwicklung bedingt war, statt auf die Bewegung einzugehen und sie in rechte Bahnen zu leiten. Den schroffsten Standpunkt nimmt hier der bayrische Minister des Innern, Freiherr v. Soden, ein, indem er sich im Landtage 1912 für Bauernfideikommisse aussprach. Er möchte die herrschende Grundbesitzverteilung gewissermaßen versteinern, um ihr jede Weiter-

[1] Die Ansicht, daß die Spannung zwischen Volksvermehrung und Grundbesitzverteilung die Preise in die Höhe treibt, bestätigt es, wenn die „Donauzeitung" 1912, Nr. 142, berichtet, daß in Agendorf bei Aidenbach höhere Preise herrschen, weil in der Gegend schon lange keine Zertrümmerung mehr stattgefunden hat. — In der „Untersuchung der wirtschaftlichen Verhältnisse in 24 Gemeinden des Königreiches Bayern" (München 1895) geben die Berichterstatter als Ursache des Preisrückganges der Böden u. a. auch die Güterzertrümmerung an. Eben weil durch sie die Spannung zwischen Nachfrage und Angebot verringert würde. — Heute wird die Zertrümmerung gewöhnlich für die Preissteigerung verantwortlich gemacht. Daraus ergibt sich, daß die Zertrümmerung der Sündenbock ist, der für jeden Schaden die Schuld auf sich nehmen muß.

entwicklung unmöglich zu machen. Ähnlich verhält es sich mit den Erbgütern, die ebenfalls starken Verkaufsbeschränkungen unterworfen sein sollen. Solche Verkaufsbeschränkungen drücken den Kredit des Grundbesitzes sehr stark, und deswegen ist praktisch von vornherein nicht anzunehmen, daß von einer solchen Maßnahme — die ja doch niemals Zwang ausüben dürfte — viel Gebrauch gemacht würde. Miaskoswki[1] erzählt, in Bayern sei schon 1855 ein Gesetz erlassen worden, das die Einführung von Erbgütern begünstigte. Bis 1872 waren in Bayern nur vier Erbgüter entstanden. Zwei hiervon hatten Städter geschaffen, die so ein Fideikommiß gründen wollten.

Das Anerbenrecht wollte man von vielen Seiten gesetzlich festgelegt haben. Es zeigte sich aber in der bäuerlichen Bevölkerung und den landwirtschaftlichen Vertretungen ein starker Widerstand dagegen. Man wollte frei und nicht bevormundet sein in seinen Entschließungen.

Nach dem Resultat obiger Ausführungen, daß die Grundbesitzverteilung zurückgeblieben sei hinter der Volksvermehrung, drängt sich hier abermals die Frage auf, ob nicht überhaupt das Anerbenrecht zu verwerfen und Realteilung vorzuziehen sei, die ja den Grundbesitz viel beweglicher und anpassungsfähiger an die Volksvermehrung macht.

Dagegen sprechen drei Gründe. Vor allem ist in Betracht zu ziehen, daß die Naturalteilung erfahrungsgemäß zu einer sehr starken Zersplitterung des Bodens führt. Sie ist daher nur vorteilhaft in Gegenden, wo der Boden sehr fruchtbar oder die Frucht, die er trägt, sehr wertvoll ist, wo also das Minimum, das einer bäuerlichen Familie ohne Nebenerwerb Unterhalt gewähren kann, sehr klein ist. Daher finden wir in der Maingegend und in der Pfalz Naturalteilung. In Altbayern ist jenes Minimum des bäuerlichen Gutes wesentlich größer, als in jenen Gegenden (5—10 ha); so könnte Naturalteilung dort leicht dazu führen, daß jene Mindestgrenze überschritten würde, und die Folge wäre die Entstehung eines bäuerlichen Proletariates. So zweifellos es ist, daß die Durchschnittsgröße des bäuerlichen Besitzes in Altbayern noch wesentlich über jener Mindestgrenze steht, daß sich demnach der bäuerliche Besitz ohne Schaden für die Landwirtschaft verkleinern läßt, so erscheint doch die Realteilung als zu schroffes Mittel.

Schon bei den Ausführungen über das Erbrecht (III.) wurde wahrscheinlich gemacht, daß für einen unmittelbaren Übergang vom Anerbenrecht zur Realteilung die großen Güter zu plump seien, daß Realteilung praktisch meistens zu einer Güterzertrümmerung führen würde. Dies ist der zweite Grund gegen die Realteilung; das Anerbenrecht ist bei großem Bauernbesitz das natürlichere.

Der Hauptgrund aber gegen Realteilung liegt in den unverkennbaren Vorzügen des Anerbenrechts. Eine gewisse Stabilität liegt in

---

[1] A. v. Miaskowski, Das Erbrecht und die Grundbesitzverteilung im Deutschen Reiche. Leipzig 1882.

der Natur des Grundbesitzes und ist ihm gesund, und dieser Zug zur Beharrlichkeit des Grundbesitzes soll sich im Erbrecht ausdrücken. Die Volksvermehrung hat an sich das Bestreben, die Grundbesitzverteilung mit sich fortzureißen, sie in nicht zur Ruhe kommender Bewegung zu halten. Dagegen soll das Anerbenrecht ein Hemmschuh sein. Nur ein Hemmschuh, nicht, wie Bauernfideikommisse, eine Sperrkette, die jede Bewegung unmöglich macht. Und diesem Zuge der Beharrlichkeit soll als fortschreitendes Element ein gesund organisierter Güterhandel entgegenwirken. Aus der Komponente dieser beiden entgegenstrebenden Kräfte wird sich dann eine gesunde Entwicklung der Grundbesitzverteilung ergeben.

Die Kalamität der Landwirtschaft ging, soweit Erbrecht und Grundbesitzverteilung mitgewirkt haben, von der Unrentabilität der großen Güter und einem ungestillten „Landhunger" aus. Das Mittel, dem Mißstand abzuhelfen, ist demnach die Verkleinerung der großen Güter, und da wir zu diesem Zwecke eine Änderung des Erbrechts verworfen haben, so sehen wir als vorzüglichstes Mittel gegen die Notlage der Landwirtschaft — soweit Bodenbesitzpolitik in Frage kommt — eine gesund organisierte Güterzertrümmerung.

Dies ist der umstrittenste Punkt der bayrischen Agrarpolitik, so daß es notwendig erscheint, auf ihn näher einzugehen.

V.

Die Güterzertrümmerung.

Die Entwicklung ist ein Strom, der seinen Lauf nimmt, mag es uns gefallen oder nicht. Es ist plump und unverständig, sich gegen ihn stemmen zu wollen mit Schranken und Dämmen. Nur im Augenblick wird ein Scheinerfolg eintreten, dann aber wird das gestaute Wasser die Dämme zersprengen und seine verheerende Kraft wird um so größer sein. Es wäre schwächlich, andererseits zu rufen: „Laissez faire, laissez passer!", und sich in müßiger Ohnmacht jedem Zufall preiszugeben. Man soll ihm vielmehr die Gesetze seines Laufes ablauschen; dann kann man ihn regulieren, ohne die in ihm wirkenden Gesetze zu verletzen, ihn in ein vorgezeichnetes Bett zwängen, ihm kleine Willkürlichkeiten wehren und ihn so zu großem Nutzen ausbeuten.

Wir haben gesehen, die Güterzertrümmerung ist keine Willkür der Entwicklung, sie ist in ihr festgewurzelt. Es scheint daher verwerflich, sie durch Zwangsmaßregeln verhindern zu wollen. Ihre Daseinsberechtigung muß man ihr zuerkennen. Wohl aber haben wir uns zu fragen: Ist ihr jetziger Verlauf nicht verbesserungsbedürftig? Ja, auch die Frage ist durch das Gesagte nicht ausgeschlossen: Ist die gesamte Güterzertrümmerung in ihrem jetzt bestehenden Umfange notwendig? Ist nicht etwa ein „Mehr als nötig" durch Zufälle, die außer der notwendigen Entwicklung liegen, verursacht?

Die Beantwortung dieser Frage setzt die Kenntnis des geschichtlichen Werdens voraus, dessen Quellen vor allem die gesetzlichen Maßnahmen für und gegen die Güterzertrümmerung sind. Da dieser historische Teil in den meisten über die bayrische Güterzertrümmerung handelnden Schriften einen breiten Raum einnimmt, kann sie hier wohl kurz gefaßt werden.

Um die Mitte des XVIII. Jahrhunderts trat die Regierung an eine gesetzliche Regelung des Güterverkehrs, und zwar unter dem Eindruck, daß die Güter zu groß seien. Eine Verordnung von 1762 sah sogar Zwangszertrümmerung vor. Aber mit der langsam fortschreitenden Bauernbefreiung begann erst die freie Teilbarkeit der Güter zu wirken. Und um 1800 herrschte ein lebhafter Güterhandel, der aber bereits viele Auswüchse zeitigte, die zu Gegenmaßnahmen herausforderten. (Gegen die Gewinnsucht der Grundherren 1803, 1805. Ausschluß der Juden vom Güterhandel 1803, 1807; wieder aufgehoben 1851. Gesetz über die bürgerlichen Rechte der israelitischen Glaubensgenossen.) Doch der Güterhandel wuchs trotz alledem an Ausdehnung, so daß man sich 1825 bereits zu Einschränkungen der freien Teilbarkeit veranlaßt sah. (Einführung eines Minimums nach der Grundsteuer bemessen. Einwilligung der Grundherrschaft.) Dessenungeachtet wuchs der Güterhandel fort und führte 1843 zu Erhebungen über seinen Umfang und 1852 zu einem Verbot der Güterzertrümmerung. Dieses Gesetz wurde 1861 vom Landtage gegen die Regierung wieder aufgehoben.

Einige Zeit schwiegen die Klagen über die Güterzertrümmerung, erst in den 80er Jahren wurden sie wieder laut.[1] 1890 folgte eine Erhebung über die Güterzertrümmerung der Jahre 1888, 1889, 1890. Im selben Jahre beschäftigte sich die Wanderversammlung bayrischer Landwirte in Landshut mit der Frage. Hier wurde bereits der Gegensatz zwischen Wucher und gesunder Zertrümmerung klar betont. 1893 beantragte das Generalkomitee des landwirtschaftlichen Vereins auf das Referat von Prof. Dr. Helferich hin, gesetzliche Maßnahmen gegen Güterzertrümmerung nach dem Muster des württembergischen Gesetzes. Daraufhin erfolgte 1894 die Statistik über den gewerbsmäßigen Betrieb des Handels mit landwirtschaftlichen Grundstücken, die bis heute fortbesteht und im Jahre 1912 neu organisiert wurde. Diese Statistik sollte die Grundlage bilden für das Güterzertrümmerungsgesetz[2].

Aus den Tabellen ergibt sich eine fast ununterbrochene Zunahme der Güterzertrümmerung, die aber besonders seit den Jahren 1904, 1905 überraschend ist. In derselben Zeit ist die Zahl der eingetragenen Güterzertrümmerer prozentual sogar noch mehr gestiegen. Es ist

[1] Verhandlungen des Vereins für Sozialpolitik 1883: „Bäuerliche Zustände in Deutschland.“ Referate von Prof. Dr. H. Th. Eheberg und Lerchenfeld-Köfering über Franken, Oberpfalz und Niederbayern. Bd. 24, S. 115ff. — 1888: „Über den ländlichen Wucher, die Mittel zu seiner Abhilfe, insbesondere die Organisation des ländlichen Kredits.“ Referat von Prof. Miaskowski. Bd. 35.

[2] Siehe Anhang.

kaum anzunehmen, daß die eine der beiden Erscheinungen nur Ursache, die andere nur Wirkung sei; wahrscheinlich ist, daß eine starke Wechselwirkung vorliegt.

Was uns vor allem interessieren muß, ist die Beteiligung der einzelnen Größengruppen an der Zertrümmerung. Hierbei ist es ohne weiteres klar, daß die meisten Zertrümmerungen in die mittelbäuerliche und kleinbäuerliche Gruppe fallen müssen, da ja diese auch an Betriebszahl (mit Ausnahme der Parzellen, die bei Zertrümmerungen eine geringe Rolle spielen) vornean steht. So fallen 59,8 % der Zertrümmerungen allein auf die Größe 5—25 ha, daran schließen sich 2—5 ha mit 18,8 %, 25—50 ha mit 14,1 %.

Wichtiger erscheint aber die Frage: Wieviel Prozent der Betriebe wurden innerhalb einer Größengruppe zertrümmert? Es folgen die Zahlen für Bayern 1894—1904.

1. Auf 10000 Betriebe der nebenbezeichneten Gruppen entfallen Zertrümmerungen[1]:

unter 2 ha	1,2 ‰₀
2— 5 „	10,0 „
5— 10	18,4 „
10— 25 „	31,6 „
25— 50 „	104,0 „
50—100 „	32,2 „

2. Auf 10000 ha Eigentumsfläche der nebenbezeichneten Größengruppe treffen Hektar zertrümmerter Fläche[1]:

unter 2 ha	1,7 ha
2— 5 „	10,1 „
5— 10 „	17,8 „
10— 50 „	35,0 „
50—100 „	95,0 „
100 und mehr ha	24,3 „
überhaupt:	30,0 ha

Die Zahlen gelten für Bayern, da sie für Altbayern nicht speziell veröffentlicht wurden. Es läßt sich jedoch annehmen, daß der darin zutage tretende Charakter der Zertrümmerung sich in Altbayern eher verstärkt als abschwächt. Die Signatur ist: vorherrschend starke Zertrümmerung im großbäuerlichen Besitz. Der Großgrundbesitz ist weniger beteiligt, ja schon in der oberen Hälfte des großbäuerlichen Betriebes zeigt sich eine geringere Intensität.

Der prozentuale Anteil der einzelnen Kreise an der Zertrümmerungsziffer ist in den Kreisen mit großem und mittlerem Besitz weit größer, als in jenem mit kleinerem. Die Zahlen sind, nach der Fläche berechnet:

[1] Der Wert dieser Statistik wird einigermaßen dadurch beeinträchtigt, daß für die Zertrümmerungsstatistik die gesamte Eigentumsfläche maßgebend ist, für die Betriebsstatistik aber der landwirtschaftlich benutzte Grund des Betriebes.

1. Oberbayern	24,7 %	Vorherrschend größerer bäuerlicher Grundbesitz. Anerbenrecht.
2. Niederbayern	20,0 %	
3. Schwaben	16,9 %	
4. Oberpfalz	14,6 %	
5. Mittelfranken	14,3 %	
6. Oberfranken	5,2 %	Kleiner Grundbesitz. Realteilung.
7. Unterfranken	4,1 %	
8. Pfalz	0,2 %	

Wie diese Zertrümmerung auf die Grundbesitzverteilung gewirkt hat, läßt sich nicht zahlenmäßig angeben. Wie sich die zertrümmerten Anwesen in ihrer Größe verschoben haben, zeigt nachstehende Tabelle, die für die Jahre 1904—1908 berechnet ist.

Von den zertrümmerten Anwesen gehörten zur Größengruppe:

	Vor der Zertrümmerung	Nach der Zertrümmerung
unter 2 ha	3,6 %	38,3 %
2— 5 „	16,7 %	24,4 %
5— 10 „	26,1 %	17,7 %
10— 25 „	29,8 %	15,7 %
25— 50 „	19,8 %	3,5 %
50—100 „	3,5 %	0,3 %
über 100 „	0,5 %	0,1 %

Hier zeigt sich ein starkes Abströmen in die kleinsten Besitzgruppen. Jedoch sagt das nicht allzuviel, da es sich hier nur um die Restgüter handelt, also nur um ein Drittel der ursprünglichen Güter, während die übrigen zwei Drittel statistisch nicht getroffen sind. Von diesen ist nur festgestellt, daß das wenigste zur Gründung neuer Betriebe führt, sondern das meiste mit bestehenden Betrieben vereinigt wird.

Die Betriebsstatistik läßt sich nur sehr wenig als Bild der Wirkung der Zertrümmerungen ansehen, da ja die Zertrümmerung nicht der einzige Weg der Veränderungen in der Besitzverteilung ist. Immerhin ist es auffallend, daß die Betriebsstatistik eine Verminderung der Betriebe und ein nur sehr geringes Sinken der Durchschnittsgröße zeigt.

Regierungsbezirk	1882			1907		
	Betriebe	Fläche	Durchschnitt	Betriebe	Fläche	Durchschnitt
Oberbayern . .	98296	913166	9,3	92243	904227	9,8
Niederbayern . .	83891	687131	8,2	82520	680218	8,2
Oberpfalz . . .	65867	519380	7,9	64071	494929	7,7
Altbayern . . .	248054	2119677	8,9	238834	2079374	8,7

Man sollte denken, daß bei einer so blühenden Zertrümmerung die Betriebe sich mehren, ihre Durchschnittsgröße sich mindern sollte. Das ist, wie obige Tabelle zeigt, nicht der Fall. Viele Zertrümmerungen führen zur Vergrößerung von Betrieben. Dies ist selbstverständlich keineswegs immer schädlich; schädlich ist es nur, wenn die Zertrümmerung zur Vergrößerung des Großgrundbesitzes führt. Und dies zeigt häufig die Erfahrung. Auch aus der Betriebsstatistik ersieht man ein Wachsen des Großgrundbesitzes.

Großbetriebe über 100 ha.

Regierungsbezirk	1882 Betriebe	1882 Fläche ha	1882 Durchschnittsgröße ha	1907 Betriebe	1907 Fläche ha	1907 Durchschnittsgröße ha
Oberbayern . .	160	26422	165,2	170	32334	190,2
Niederbayern . .	51	8884	174,2	60	9453	157,2
Oberpfalz . . .	109	16813	154,2	74	13628	176,5
Altbayern . . .	320	54119	169,1	304	55415	182,2

So haben die Großbetriebe an Zahl verloren, aber an Ausdehnung gewonnen. Dabei ist der Großgrundbesitz hier keineswegs ganz erfaßt.

Die viel bedeutsamere, aber durchaus gesunde Verschiebung von unten nach oben geschieht aber bei den kleinen Betrieben, besonders bei den Parzellen. Hier geht ein ständiger Kreislauf vor sich. Während, wie aus obiger Tabelle (S. 45 oben) hervorgeht, sehr viele Betriebe aus höheren Besitzgruppen zum Parzellengut herabsinken, zeigen die Parzellen in der Betriebsstatistik eine sehr starke Abnahme.

	1882	1907
Oberbayorn	28148	21855
Niederbayern	26586	21947
Oberpfalz	20354	16718
Altbayern	75088	59520

Die Abnahme beträgt hier nicht weniger als 15568 Betriebe, und darauf ist es hauptsächlich zurückzuführen, daß die Gesamtzahl der Betriebe abnahm.

Nun kommt ein großer Teil dieser Parzellen für unsere Frage gar nicht in Betracht, da es sich für uns nur um landwirtschaftliche Betriebe handelt, während die Statistik darunter jedes Stückchen Garten, jeden Rasenflecken mit erhoben hat. Bei Veränderungen im Parzellenbesitz kommen so viele nebensächliche außerlandwirtschaftliche Einwirkungen in Betracht, daß sie hier auszuscheiden haben.

So bleibt nur die Bauernwirtschaft übrig. Und wenn oben gesagt wurde, die Zertrümmerung finde ihre Rechtfertigung hauptsächlich darin, daß sie bei erbrechtlich gebundenem Grundbesitz ein mäßiges Fortschreiten der Grundbesitzverteilung mit der Volksvermehrung ermögliche, so war dabei nicht im mindesten an eine Parzellierung des Grundes gedacht. Nur die Schaffung neuer, gesunder, kleiner und mittlerer Bauernstellen kann in Altbayern die Güterzertrümmerung rechtfertigen.

Bei der Betrachtung der Bauerngüter (2—100 ha) ergibt sich eine nicht unwesentliche Vermehrung der Betriebe und eine Verkleinerung des Durchschnittsgutes.

Das bäuerliche Gut betrug in Altbayern:

	1882	1907
Betriebe	172646	178010
Fläche (ha)	2009118	1976599

Auf 1000 ha treffen demnach:

1882: 85 Betriebe (Durchschnittsgröße 11,7 ha)
1907: 89 „ „ 11,2 „

Diese Verkleinerung wiegt um so schwerer, da innerhalb der Gesamtgruppe auch starke Gegenströmungen sich zeigen. So besonders aus den kleinbäuerlichen Gütern (2—5 ha) in die mittelbäuerlichen (5—20 ha). Diese letzten haben sich denn auch bei weitem am stärksten vermehrt. Ihre Zahl ist für Altbayern:

1882: 86864
1907: 92260

Die Zunahme beträgt 5396 Betriebe (= 6,2 %).

Daß an dieser Entwicklung die Zertrümmerung zu einem guten Teile schuld ist, unterliegt keinem Zweifel.

Schon am Anfange des Kapitels III wurde betont, daß das erfreuliche Resultat nicht genüge, daß die Frage aufzuwerfen sei, ob nicht etwa die Kosten für diese günstige Entwicklung zu hoch seien.

Hier gelangen wir zu der Frage: Ist der jetzige Verlauf der Zertrümmerung nicht verbesserungsbedürftig?

Wie geht eine Zertrümmerung vor sich? Es ist zu einem vollen Verständnis in Erwägung zu ziehen, daß beim ganzen Zertrümmerungsgeschäft so viele psychologische Gründe hereinspielen, daß es unmöglich ist, es mit rein wirtschaftlichen Gesetzen und Vorstellungen zu erklären. Nehmen wir an, in einer von der Zertrümmerungswut noch nicht befallenen Gegend steht ein finanziell schlecht gestellter Bauernhof. Eines Tages kommt dem Bauern ein fremder Mensch in den Hof, hat ihm im Handumdrehen seine sonst streng verheimlichte Lage abgeforscht und zeigt hohes Verständnis und viele Teilnahme.

Für den Kummer, den der Bauer vielleicht monatelang in sich verschlossen, findet er zufällig einen Mitwisser. Er fühlt sich erleichtert, er kann sich endlich aussprechen, er vergißt, daß der Mann fremd ist und gewinnt Zutrauen zu ihm. Unschwer und wohl mit Recht läßt sich der Bauer überzeugen, daß eine Zertrümmerung für ihn das beste ist. Der Fremde hat Beziehungen zu einem gewerbsmäßigen Zertrümmerer und verspricht den Handel einzuleiten. Noch ist kein Zertrümmerer zu sehen, aber wie Fühlhörner sendet er ein Heer von Schmusern, Unterhändlern und Zuträgern aus; die Gegend wird abgetastet nach der vorhandenen Kauflust und Kreditfähigkeit. Dann kommt der Zertrümmerer und kauft den Hof auf. Das erste, was geschieht, ist, daß er das gesamte Inventar versteigert. Dies macht den Hauptgewinn des Güterhändlers. Auch Holz wird vielfach vom Stamm geschlagen, wenn Bargeld nötig ist. Bei dieser Versteigerung wird Bier verschänkt, häufig sogar Freibier[1], um den Unternehmungsgeist zu heben und die Klarheit des Denkens zu schwächen. Auch Grundstücke werden, soweit es geht, sogleich losgeschlagen. Schmuser hetzen die Bauern zum Kauf. Ein Restgut, nach der Statistik meist ein Drittel des ursprünglichen Hofes, wird zusammengestellt, und als Käufer bringt der Güterhändler nicht selten jemand „von auswärts" und setzt ihn in den jeglichen Inventars beraubten Hof. Was an Parzellen noch unverkauft liegen bleibt, das wird durch die Gewandtheit der Unterhändler nach und nach verkauft. Diese Leute haben ein außerordentliches Geschick, den Bauern zu behandeln. Es kommt ihnen häufig nicht darauf an, den Bauern zu überzeugen, nur ihn zu überreden. Der Bauer wird in seiner Geschäftsunkenntnis verwirrt, er schwankt, und in dem Augenblicke des Zweifels überrumpelt man ihn und schwätzt ihm unschwer den dümmsten Handel auf. Die Parzellen sind meist sehr teuer, aber die Zahlungsbedingungen äußerst günstig und langfristig. Es kam jedoch auch vor, daß die kündbare Schuld vom Güterhändler einem anderen übergeben wurde, da sie ja alle Fühlung zueinander haben und dem Bauern wurde von einem ihm völlig fremden Menschen, mit dem er niemals etwas zu tun hatte, der Hals zugeschnürt.

Ist die erste Zertrümmerung vor sich gegangen, so folgen leicht mehrere nach. Der Bauer hat einen starken Nachahmungstrieb, der eben die Kehrseite seines Mangels an selbständiger Entschlußkraft ist. Unter den Bauern ist die eigene Persönlichkeit noch viel weniger ausgeprägt, als in den anderen, mit der Kultur viel rascher fortschreitenden Berufen. Er kann die Fühlung mit dem Nachbar, mit der Gesamtgruppe noch nicht entbehren.

Wenn in einer Gegend einige Höfe unrentabel geworden sind, so wird der e r s t e zertrümmernde Bauer sich schwer, nur unter einem starken wirtschaftlichen Druck zur Zertrümmerung entschließen. Es ist noch nicht Brauch, es ist noch nicht ausprobiert! Ist aber die erste Zertrümmerung gut verlaufen — warum soll der Zertrümmerer nicht

[1] Seit dem Ministerialerlaß von 1894 verboten.

einen ein gutes Geschäft machen lassen als Reklame? —, dann ist der Bann gebrochen. Die nächsten entschließen sich schon leichter. Und da durch den vorhergegangenen Mangel an Zertrümmerung die oben geschilderte Spannung zwischen Grundbesitzverteilung und Volksvermehrung, zwischen Angebot und Nachfrage sehr groß geworden ist, so kann es leicht geschehen, daß jetzt viele Zertrümmerungen verhältnismäßig kurz hintereinander erfolgen. So sind in Niederbayern, besonders im Gäuboden, Dörfer, wo zehn und mehr große Bauernhöfe waren, von denen nach 1 bis 2 Jahrzehnten kein einziger mehr vorhanden ist. Durch diese augenblicklich vielleicht berechtigte Häufung der Zertrümmerung kann es kommen, daß infolge jener Nachahmungssucht nun die Zertrümmerung in einem gewissen Sinne „Brauch" wird, d. h. daß sich die Vorstellung festsetzt, „wenn es einem schlecht geht, zertrümmert man!" Dazu trägt die Rührigkeit des gewerbsmäßigen Güterhandels außerordentlich viel bei. Verschiedentlich wurde sogar über die Notare geklagt, daß manche von ihnen die Güterzertrümmerung begünstigen. Es ergibt sich daraus, was vielfach betont wurde, wie unheilvoll es ist, wenn königliche Beamte statt eines festen Gehaltes ihr Einkommen von Fall zu Fall aus ihrer Tätigkeit beziehen. Durch all das kann es kommen, daß leichtsinnig ohne Not zertrümmert wird, daß vom Bauern selbst vielleicht die Zertrümmerung als ein Mittel angesehen wird, ein Geschäft zu machen. Dann übersteigt die Zertrümmerung weit das unbedingte Bedürfnis danach.

Aus dieser Organisation des Güterhandels ergibt sich sein Verbesserungsbedürfnis ohne weiteres. Sie birgt Schäden in sich, die nicht mit Güterzertrümmerung an sich verbunden sein müssen. Solche unumgängliche Schäden wären etwa: die Kosten der Zertrümmerung, die höhere Belastung des Bodens mit Gebäuden, der oft lange unbenutzt liegende Grund. Diese würden durch Vorteile auf der anderen Seite wieder ausgeglichen.

Die Hauptschäden der gewerbsmäßigen Zertrümmerung sind aber: die Abschwendung der Holzbestände. Auf diesen Punkt legte die Regierung so viel Gewicht, daß sie in einem Ministerialerlaß vom 3. X. 1899 bestimmte: „Jede Erwerbung oder Veräußerung eines Waldgrundstückes ist binnen 8 Tagen nach Abschluß des Vertrages der Distriktsverwaltungsbehörde anzuzeigen." Auf diese Anzeigen hin wurde das Schicksal des Waldes bei Zertrümmerungen mit in die Güterzertrümmerungsstatistik einbezogen, und es zeigte sich, daß bei den Zertrümmerungen am meisten in Altbayern abgeholzt und am wenigsten wieder aufgeforstet wurde (cf. Anhang!).

Weitere Schäden sind: die Verschleuderung des Inventars und die künstliche Steigerung der Zertrümmerungen.

Der bei weitem wichtigste Nachteil liegt aber in den starken Preistreibereien, die zu einer Überschuldung auch der kleineren, noch leistungsfähigeren Besitzgruppen führen. Diese haben eine allgemeine Verteuerung des Bodens weit über den Ertragswert hinaus zur Folge, die sich dann auch bei den Übergaben geltend macht und zu einer starken Belastung der Gesamtlandwirtschaft führt.

Alles Geld, das sich in den überhohen Preisen ausdrückt, geht der Landwirtschaft verloren und fließt dem Zwischenhandel zu. Über die Gewinne der Güterhändler wurden im Landtage märchenhafte Angaben gemacht. Die bestbegründete des Ministers v. Brettreich sei hier wiedergegeben: In den 12 Jahren von 1892 bis 1904 wurden danach der Landwirtschaft nach den Steuerfassionen der Güterhändler 90 Millionen Mark entzogen.

In einer neueren Schrift über die Güterzertrümmerung in Bayern[1] werden aus dem Geschäftsbuche eines gewerbsmäßigen Güterhändlers (dessen Haupterwerbsquelle der Güterhandel ist) die Einträge von 6 Jahren mitgeteilt. Es handelt sich um 26 Zertrümmerungen, die dem Güterhändler einen Bruttogewinn von 107523,44 M. brachten. Der Hauptgewinn ist aus Mobilien, Vieh und dergleichen. Von diesem Bruttogewinn ist abzuziehen:

Gebühren	10—12000 M.
Schmuserlöhne	8000 „
Abzug aus Mobilien[2]	8000 „
Summa:	26000 M.

Somit bleibt als Rest ungefähr 81500 M. Hiervon entfielen 20000 M. auf Teilhaber, besonders bei zwei Zertrümmerungen. Also bleibt für den betreffenden Händler als Reingewinn 60000 M. oder im Jahre 10000 M. Pfleger findet diese Summe nicht übermäßig hoch, zumal da es sich hier um einen besonders rührigen und geschäftsgewandten Zertrümmerer handelte.

Die Frage ist aber überhaupt nicht: Ist der Gewinn dieses oder jenes Güterhändlers zu hoch, sondern, ist der Verlust, den die Landwirtschaft durch seine Zertrümmerung erleidet, zu hoch? Und dieser Verlust drückt sich keineswegs nur im Gewinn des Güterhändlers aus. Mit Ausnahme des nicht ganz klaren „Abzugs aus den Mobilien“ (8000 M.) sind sämtliche 107523 M. als Verlust der Landwirtschaft zu buchen. Streicht man hiervon noch die 12000 M. Gebühren, so ist der Reingewinn des Zwischenhandels aus der Zertrümmerung von 26 meist kleinen und mittleren Gütern 87500 M. Wer das Geld einsteckt, ist für die Landwirtschaft völlig gleichgültig.

Der Nutzen, den die Zertrümmerungen nachweisbar gebracht haben, ist nach Pfleger:

a) Beseitigung althergebrachter unwirtschaftlicher Eigentumsverhältnisse (Wechselwiesen),
b) wirtschaftliche Abrundung einzelner Betriebe; Anlage verfügbaren Kapitals in Grund und Boden (Barzahlungen),
c) Neugründungen von Betrieben (5).

Die Unkosten der Zertrümmerung pro Hektar betragen nach obigem Gesamtverlust der Landwirtschaft berechnet, ca. 350—450 M.

---

[1] Pfleger, Die Güterzertrümmerung in Bayern 1902.

[2] Einen gewissen Teil der Mobilien behält der erste Verkäufer. Dieser ist im Erwerbspreis des Gutes mit eingerechnet.

Es ist nicht sicher, ob man jene Vorteile so hoch anschlagen darf, daß diese Kosten gerechtfertigt erscheinen. Nur dann dürften sie rentieren, wenn die zertrümmerten Höfe tatsächlich in dauernder Notlage waren und die Teilkäufer günstig gekauft haben. Wenn also der Boden aus schlecht wirtschaftenden Händen in gut wirtschaftende geflossen ist, wenn demnach alle jene oben geschilderten, skrupellosen Machenschaften weggefallen sind. Im allgemeinen ist sicher festzustellen, verbesserungsbedürftig ist die Güterzertrümmerung in hohem Grade. Der Preis ist außerordentlich hoch, der Erfolg ist nicht auf der möglichen Höhe; dazu ist der Güterhandel künstlich in die Höhe getrieben.

Welche Maßnahmen wurden gegen solche Mißstände getroffen? 1894 wurde verboten, bei landwirtschaftlichen Versteigerungen geistige Getränke ohne Entgelt oder gegen Preisermäßigung zu verabreichen. Im gleichen Jahre wurden die gewerbsmäßigen Güterhändler durch die Vorschrift genau zu führender, kontrollierbarer Geschäftsbücher und durch die Güterhändlerlisten der Verwaltungsbehörden einer strengen Kontrolle unterstellt. 1899 wurde die bereits erwähnte Bestimmung über den Handel mit Waldgrundstücken erlassen.

Diese Vorschriften sind wohl alle gutzuheißen. Anders ist es mit jenen Bestimmungen, die dem Güterzertrümmerer Unkosten zu bereiten suchen. Die wiederholt erhöhten Gebühren für Güterhändler (1899, 1906, 1910) werden wahrscheinlich von der landwirtschaftlichen Bevölkerung getragen. Sicher ist dies bei der praktischen Durchführung des „Gesetzes über die Fortsetzung der Bodenentlastung“ (2. II. 1898. Art. 19) der Fall. Dieser Artikel bestimmt, daß der gewerbsmäßige Güterhändler nach dem ersten Teilverkauf eines zertrümmerten Gutes den auf dem gesamten Gutskomplexe lastenden Bodenzins abzulösen hat. Daß diese Bestimmung auf den Preis nicht ohne Einfluß bleibt, ist klar. Im allgemeinen wird sie beim Aufkauf ganzer Güter sehr preisdrückend, beim Parzellenverkauf sehr preissteigernd wirken. Die Entscheidung, ob der Güterhändler den Bodenzins abzulösen habe (ob im Einzelfalle die Bedingungen des Gesetzes erfüllt sind), hatte das Rentamt. Dem Güterhändler stand das Einspruchsrecht gegen diese Entscheidung zu. Es kam vor, daß Güterhändler die Berufung ergriffen, sodann das Gut parzellierten, so daß, wenn endlich die letzte Entscheidung sie zur Ablösung verurteilte, alle Parzellen schon in festen Händen waren. Die Ablösung des Bodenzinses erschien nun als neue Schuld der Parzellenverkäufer, der Bodenzins verwandelte sich in eine Rente an den Güterhändler (Pfleger.)

Alle diese Verordnungen vermochten selbstverständlich nicht, die vielen Schäden der Güterzertrümmerung zu heben. Sie trafen nicht tief genug. Des Übels Wurzel steckte darin, daß private Güterhändler statt gemeinnütziger Institute die wichtige Aufgabe der Güterzertrümmerung zu vollführen hatten. An diesem Punkte hatte demnach eine Gesetzgebung — wenn sie nicht etwa nach württembergischen Muster die Güterzertrümmerung überhaupt unterbinden wollte — einzusetzen.

Schon in der Wanderversammlung bayrischer Landwirte, 1890, und im Generalkomitee des landwirtschaftlichen Vereins, 1893, beschäftigte man sich mit der Frage eines Güterzertrümmerungsgesetzes. Man neigte damals mehr zu den einschneidenderen Vorschriften Württembergs. Hierauf setzte die bayrische Güterzertrümmerungsstatistik ein und man wartete deren Ergebnisse ab.

Am 29. III. 1903 veranstaltete das Ministerium eine Umfrage bei den Kreisregierungen, den Distriktsverwaltungsbehörden sowie bei den landwirtschaftlichen Kreis- und Bezirksausschüssen, die folgende Punkte enthielt:

Fragen:	Antworten:
1. Empfiehlt sich ein Gesetz nach württembergischen Muster?	Sehr schwankend.
2. Einführung geschlossener Hofgüter?	Einstimmig abgelehnt.
3. Ankäufe durch Gemeinden und Darlehnskassen? Staatliche Beihilfe dazu?	Schwankend.
4. Einführung der Kautionspflicht zur Wiederaufforstung abgeschwendeter Waldungen?	Von der überwiegenden Mehrheit begutachtet.

1904 beschäftigte sich der bayrische Landwirtschaftsrat nochmals mit der Frage. Trotzdem man die Schäden der herrschenden Güterzertrümmerung anerkannte, war doch die Auffassung milder, als die der landwirtschaftlichen Vertretungen vor 10 Jahren. Die Punkte, um die sich die Verhandlung besonders drehte, waren: Behördliche Genehmigung für jede Zertrümmerung. — Zertrümmerung durch Darlehnskassen. — Kautionspflicht für Aufforstungen. — Verpflichtung der Zertrümmerer zur Ablösung der Bodenzinse. — Erhöhte Gebühren der Zertrümmerer. — Ermäßigung der Gebühren für die Darlehnskassen.

1904/05 trat der Landtag wieder der Frage näher, der sich schon 1891/92 und 1897/98 damit beschäftigt hatte. Er veranlaßte die Regierung zu einem Gesetzentwurf über die Güterzertrümmerung. Dieser wurde von ihm in der Session 1909/10 verabschiedet[1].

Der Regierungsentwurf zählte vier Hauptpunkte:

1. Genehmigungspflicht für jede Zertrümmerung, die durch gewerbsmäßige Güterhändler vorgenommen wird. Abmarkungspflicht vor der Verbriefung beim Verkauf unvermarkter Grundstücke.
2. Rücktrittsrecht innerhalb 14 Tagen für den Grundeigentümer, der landwirtschaftlichen Grund an einen gewerbsmäßigen Güterhändler verkauft.

[1] Die Kautionspflicht zur Wiederaufforstung abgeschwendeter Waldungen war schon durch das „Gesetz, betr. die Abänderung des Forstgesetzes" vom 26. II. 1908 eingeführt worden.

3. Gesetzliches Vorkaufsrecht zugunsten der für die Gemeinde bestehenden Darlehnskasse.
4. Abgabe für die Genehmigung der Zertrümmerung.

Aus diesem Entwurf strich der Landtag die Genehmigungspflicht und die für die Genehmigung zu zahlende Abgabe. Die Frist für das Rücktrittsrecht beschränkte er auf 3 Tage, dehnte jedoch das Rücktrittsrecht auch auf die Parzellenkäufer aus. So zerfällt das Gesetz in seiner endgültigen Fassung in 5 Abschnitte:

1. Vorkaufsrecht.

   Vorkaufsrecht innerhalb 3 Wochen nach Abschluß des Vertrages haben:

   1. Jede Gemeinde, in deren Bezirk eines der Grundstücke liegt.
   2. Die für eine solche Gemeinde bestehende gemeinnützige landwirtschaftliche Darlehnskasse.
   3. Die sonstigen vom Staatsministerium des Innern zu bezeichnenden juristischen Personen.

2. Rücktrittsrecht.

   Rücktrittsrecht hat innerhalb einer Woche, wer „ein geschlossen bewirtschaftetes landwirtschaftliches Grundstück“ an einen Güterhändler verkauft, — innerhalb 5 Tagen, wer bei der Zertrümmerung solcher Grundstücke Parzellen vom Güterhändler kauft.

3. Abmarkung.

   Ungemarkte Grundstücke sind vor der Beurkundung des Vertrages abzumarken.

4. Strafvorschriften.
5. Schlußvorschriften.

   Aus diesen ist hervorzuheben die in Art. 10 enthaltene Definition: „Als geschlossen bewirtschaftete Grundstücke gelten Anwesen oder Grundstücke von mindestens 5 ha Flächeninhalt, die innerhalb der letzten 3 Jahre vor der Veräußerung zusammen bewirtschaftet worden sind.“

Die Mindestgrenze kann von den Kreisregierungen noch erniedrigt werden, ist aber für Altbayern nicht erniedrigt worden. Das Gesetz ist seit 13. VIII. 1910 in Kraft.

Der Sinn des Gesetzes ist demnach weder ein Verbot, noch eine prinzipielle Einschränkung der Güterzertrümmerung. Es stellt den Versuch dar, das Güterzertrümmerungsgeschäft den privaten Händlern abzunehmen und es gemeinnützigen Instituten, besonders Darlehnskassen zuzuwenden. Die „sonstigen vom Staatsministerium des Innern bezeichneten juristischen Personen“, die zum Vorverkauf berechtigt sein sollen, sind bis jetzt: Die bayrische Zentraldarlehnskasse e. G. m. b. H. in München und die landwirtschaftliche Zentralgenossenschaft des bayrischen Bauernvereins für An- und Verkauf e. G. m. b. H. in Regensburg. Diese beiden Institute sind vorverkaufsberechtigt für sämtliche Gemeinden Bayerns.

Es ist anzuerkennen, daß das Güterzertrümmerungsgesetz in seiner Tendenz durchaus richtig ist. Statt, wie das württembergische Gesetz, der Güterzertrümmerung objektive Schranken aufzuerlegen, sucht es vielmehr die Güterzertrümmerung glücklicher zu organisieren, als es bisher der Fall war. Es bleibt jedoch noch die Frage, inwieweit ihm dies gelungen ist. Und dieser Frage soll das nächste Kapitel gelten.

VI.

Die Wirkungen des Güterzertrümmerungsgesetzes.

Bei dem kurzen Zeitraum, den das Güterzertrümmerungsgesetz besteht, ist es selbstverständlich, daß man ein abschließendes Urteil über die Wirkungen des Gesetzes noch nicht fällen kann, zumal da die statistischen Veröffentlichungen bis jetzt noch nicht über das Jahr 1912 hinausreichen. Schon 1910/11 und in den 10 Monaten vom 1. März bis 31. Dezember 1911 ließ sich ein starker Rückgang der Zertrümmerung beobachten. Für das Jahr vom 1. Januar bis 31. Dezember 1912 wurde eine neue Methode der Güterzertrümmerungsstatistik geschaffen (vgl. Anhang), um besonders die Wirkungen des Güterzertrümmerungsgesetzes statistisch zu erfassen. Die Daten sind veröffentlicht in der Zeitschrift des statistischen Landesamtes 1913, Heft 4. Aus ihnen ergibt sich als auffallendste Wirkung des Gesetzes ein weiteres starkes Sinken des Güterhandels. 1912 betrug die Zahl der eingetragenen Güterhändler nur mehr 492 gegenüber 1329 im Jahre 1909/10. Die Gesamtzertrümmerung beträgt 1912 nach der Zahl der Zertrümmerungen nur mehr 50%, nach der Fläche nur mehr 39,2% der Gesamtzertrümmerungen des Jahres 1908/09 im ganzen Königreich.

In Altbayern ist die Zahl der eingetragenen Güterhändler vom 1. Januar 1912 bis 31. Dezember 1912 von 247 auf 239 gesunken, während sie im letzten Jahre vor dem Gesetz den Höchststand von 644 erreicht hatte. Auch noch im Jahre 1912 ist eine Abnahme zu verzeichnen, jedoch gilt dies nicht für sämtliche drei Regierungsbezirke. Die Zahlen für diese sind:

	1. Januar 1912	31. Dezember 1912
Oberbayern	106	88
Niederbayern	115	116
Oberpfalz	26	35

Die Abnahme der eingetragenen Güterhändler findet sich nur in Oberbayern, in Niederbayern erhält sich der Stand, während er in der Oberpfalz sogar noch steigt. Ähnliche Verhältnisse zeigen die Zahlen über die Häufigkeit und Intensität der Zertrümmerung.

	1910/11		1. III.–31. XII. 1911		1912	
	Zahl	Fläche (ha)	Zahl	Fläche (ha)	Zahl	Fläche (ha)
Oberbayern . . .	209	3459,42	123	1870,45	128	1868,93
Niederbayern . .	222	4445,39	118	2462,12	119	1899,91
Oberpfalz. . . .	86	1335,84	54	528,79	106	1416,13
Altbayern . . .	517	9240,65	295	4861,36	453	5184,97

Man beobachtet in den einzelnen Regierungsbezirken ein stetes Fallen, mit Ausnahme der Oberpfalz, wo wiederum 1912 ein Steigen bemerkbar ist.

Der Anteil des gewerbsmäßigen Güterhandels ist weit zurückgegangen. Es wurden durch gewerbsmäßige Güterhändler 1912 zertrümmert:

	Fälle	Fläche
Oberbayern	31 = 24,2 %	423,78 ha = 22,7 %
Niederbayern	55 = 46,2 %	781,17 „ = 41,1 %
Oberpfalz	52 = 49,1 %	612,54 „ = 43,3 %

Es ergibt sich hieraus, daß überall der gewerbsmäßige Güterhandel noch stärker zurückgegangen ist, als der Güterhandel überhaupt. Dennoch beträgt jener in Niederbayern und in der Oberpfalz noch immer fast die Hälfte der gesamten Zertrümmerung. Und 68,2 % aller 1912 in Bayern angefallenen gewerbsmäßigen Zertrümmerungen treffen auf Altbayern. Auffallend ist am gewerbsmäßigen Güterhandel weiterhin, daß er sich vornehmlich den kleineren Gütern zuwandte, während er früher stets die größeren bevorzugte.

Dieser starke Rückgang läßt sich an und für sich weder als gute noch als schlimme Wirkung des Gesetzes ansprechen. Denn die Aufgabe des Güterzertrümmerungsgesetzes war nicht in erster Linie, die Zertrümmerungen bis zu einem gewissen Grade zu unterdrücken, sondern sie besser zu organisieren. Nicht ausgeschaltet sollte der gewerbsmäßige Güterhandel werden, sondern ersetzt. Dadurch sollte sich der Güterhandel von selbst auf das richtige Maß einstellen. Daher ist die wichtigste Frage, wenn man über die Wirkungen des Gesetzes spricht, nicht: Ist der Güterhandel zurückgegangen? — sondern: Hat sich die neue Organisation bewährt?

Gerade hier ist es nötig, mit größter Vorsicht vorzugehen. Denn es ist selbstverständlich, daß in der kurzen Zeit die betreffenden Organe, die jetzt die Aufgabe der Güterzertrümmerung erfüllen sollten, vielfach noch nicht genügend Gelegenheit hatten, sich in ihre neue Tätigkeit einzuleben, so daß manches auf Rechnung einer vorläufigen Unerfahrenheit zu setzen sein wird, was im Augenblick bedenklich erscheinen mag. Dennoch läßt sich die Frage nach der Brauchbarkeit der neuen Organe als Güterzertrümmerungsinstitute von uns hier nicht umgehen.

Die neuen Organe sind nach dem Gesetze die Gemeinden, die Darlehnskassen und Raiffeisenvereine, und als vom Ministerium eigens ermächtigte juristische Personen die bayrische Zentraldarlehnskasse in München und die Zentralgenossenschaft des christlichen Bauernvereins in Regensburg. Die Gemeinden scheiden als eigentliche Institute der Güterzertrümmerung von vornherein aus. Die Hauptorgane sind die Darlehnskassen und lokalen Genossenschaften. Nach der Statistik 1912 fanden sich in Altbayern vorkaufsberechtigte Genossenschaften[1]:

Oberbayern	378
Niederbayern	254
Oberpfalz	237
Altbayern	869

Gemeinden, für die eine vorkaufsberechtigte Genossenschaft nicht besteht:

Oberbayern	559 = 45,4 %	aller Gemeinden
Niederbayern	334 = 35,0 %	„ „
Oberpfalz	432 = 39,8 %	„ „
Altbayern	1325	

Hierin zeigt sich ein Mangel der Organisation, der jedoch in seiner Schwere nach den obigen Zahlen nicht beurteilt werden kann, da die bestehenden Genossenschaften um die Vorkaufsberechtigung oft erst dann nachsuchen, wenn die erste praktische Gelegenheit, sie auszuüben, an sie herantritt. So mag für manche Gemeinde noch eine derartige Kasse bestehen, die in den Listen noch nicht mitgezählt sind. Allzu einschneidend dürfte jedoch dieser Umstand nicht wirken, und sicher ist, daß ein großer Rest von Gemeinden bleibt, wo eine vorkaufsberechtigte Genossenschaft nicht besteht, für die der gewerbsmäßige Güterzertrümmerer immer noch das vorzüglichste „Kreditinstitut" des Güterhandels sein wird. Daher sehen wir auch, daß der gewerbsmäßige Güterhandel trotz des Gesetzes immer noch sehr hoch vertreten ist.

Die Tätigkeit der Darlehnskassenvereine ist noch nicht sehr ausgedehnt. Jedoch läßt sich im letzten Jahrzehnt, besonders seit Einführung des Gesetzes eine starke Steigerung wahrnehmen. Die Entwicklung der Zertrümmerungstätigkeit der Darlehnskassen ist sehr interessant und spiegelt sich in folgenden Zahlen:

Durch Darlehnskassen wurden zertrümmert:

Vor dem Gesetze:

Regierungsbezirk	1904/05		1905/06		1906/07		1907/08		1908/09		1909/10	
	Zahl	ha	Zahl	ha	Zahl	ha	Zahl	ha	Zahl	ha	Zahl	ha
Oberbayern	16	163,85	19	324,90	19	337,67	21	251,86	18	239,79	22	247,32
Niederbayern	1	8,69	1	5,46	3	45,79	1	8,00	2	56,85	2	45,00
Oberpfalz	3	68,00	5	33,34	3	34,01	5	53,06	6	49,58	9	138,66
Altbayern	20	234,54	25	361,70	25	417,47	27	312,92	26	346,22	33	430,98

[1] Diese werden vom Bezirksamt, wie die Güterhändler, auf ihre Anmeldung und die Anerkennung ihrer Gemeinnützigkeit hin in eigenen Listen geführt.

Nach dem Gesetze:

Regierungsbezirk	1910/11		1. III.–31. XII. 1911		1912	
	Zahl	ha	Zahl	ha	Zahl	ha
Oberbayern . . .	32	609,23	39	806,09	59	774,73
Niederbayern . .	9	175,90	23	706.16	23	491.44
Oberpfalz	10	168,45	12	140,71	24	311,70
Altbayern	51	953,58	74	1652,96	106	1577,87

In Oberbayern beschäftigten sich die Darlehnskassen von jeher mehr mit Zertrümmerung. Am wenigsten waren sie in Niederbayern dazu geneigt. Auch die Oberpfalz wies 1904/05 erst drei Fälle auf; jedoch ging hier die Entwicklung von selbst, wenn auch nicht sehr rasch vorwärts, während in Niederbayern bis 1910 die Darlehnskassen mit wenigen Ausnahmen auf dem Gebiete der Zertrümmerung untätig blieben; erst 1910, auf Anlaß des Gesetzes, tritt in ganz Altbayern eine größere Rührigkeit der Kassen ein. Am auffallendsten ist die Steigerung in Niederbayern, das sich von zwei Fällen im letzten Jahre vor dem Gesetz (1909/10) bis 1912 auf 27 Fälle aufschwang. Es ist kaum anzunehmen, daß 1912 der Höhepunkt dieser Entwicklung bereits erreicht ist. Es wäre das für die Beurteilung des Gesetzes höchst bedenklich; denn die Zertrümmerungstätigkeit der Darlehnskassen, die in erster Linie berufen waren, den gewerbsmäßigen Güterhandel zu ersetzen, beträgt in Altbayern erst ca. 30,3 % der Gesamtzertrümmerung, in Niederbayern und in der Oberpfalz sogar noch wesentlich weniger, während dort der gewerbsmäßige Güterhandel noch immer 46,2 % und 49,1 % der Fälle beträgt. Somit ist für Altbayern, zum mindesten für die Oberpfalz und Niederbayern, festzustellen, daß der Erfolg des Güterzertrümmerungsgesetzes bis jetzt mehr eine objektive Unterbindung des Güterhandels überhaupt ist, als eine Ersetzung der gewerbsmäßigen Güterhändler durch die Darlehnskassen, was nicht in der Absicht des Gesetzes lag. Zu betonen ist, daß die Tätigkeit der Darlehnskassen nicht auf dem Wege des Vorkaufsrechts einsetzte. Nur in 17 Fällen im ganzen Königreich wurde das Vorkaufsrecht geltend gemacht. Durch das Gesetz wurde der Unternehmungsgeist der Darlehnskassen an sich geweckt, durch die den gewerbsmäßigen Güterhändler treffenden Vorschriften wurde ihre Hauptkonkurrenz geschwächt und ihnen selbst dadurch das Geschäft erleichtert. In der Statistik wurde auch danach gefragt, warum die Darlehnskassen in den einzelnen Fällen das Vorkaufsrecht nicht geltend gemacht haben. Und in einem großen Teil der Fälle war der Grund, daß der vom Güterhändler für das Anwesen gebotene Preis der Kasse zu hoch war. So mag das Gesetz den Vorzug haben, daß die Güterhändler gezwungen sind, anständige Preise zu zahlen, um nicht von den Kassen ausgeschaltet zu werden.

Trotzdem steht fest, daß einstweilen die Kassen den gewerbsmäßigen Güterhandel nicht zu verdrängen vermochten. Und eine der wichtigsten Fragen bei der Beurteilung des neuen Gesetzes ist: Wird sich die Tätigkeit der Kassen soweit steigern lassen, daß sie als vollwertiger Ersatz gelten dürfen?

Man hat die Tätigkeit der Güterhändler sicher vielfach unterschätzt. Man hatte die Vorstellung, daß der Zertrümmerer seinen Profit für leichte Mühe in die Tasche stecke. Aber gerade der Grundstückshandel erfordert nicht nur eine sehr lebhafte Tätigkeit, sondern auch eine große Erfahrung, einen scharfen Blick und eine sehr hohe kaufmännische Begabung. All das darf man selbstverständlich bei den Vorständen der lokalen Darlehnskassenvereine nicht immer voraussetzen. Es fehlt vielfach an Unternehmungsgeist und an der genügenden Sachkenntnis. Zwar werden von den Zentralkassen auf Wunsch Sachverständige zur Verfügung gestellt, aber das Verfahren ist etwas schwerfällig und niemand läßt sich gern auf ein Geschäft ein, bei dem er lediglich auf den Rat eines anderen angewiesen ist.

Der Hauptgrund ist aber der: Man hat viel und eine äußerst schwierige Arbeit, man übernimmt ein großes Risiko und schließlich muß man sich doch sagen, daß das Güterzertrümmern nicht innerhalb der eigentlichen Aufgabe einer derartigen Kasse liegt. Hier liegt der bedenklichste Einwand gegen das Gesetz.)er Güterhandel erfordert sehr viele Barmittel, die eine lokale Darlehnskasse nicht hat, auch wenn sie von der Zentralkasse reichlich unterstützt wird. Die eigentliche Aufgabe der Darlehnskassen ist der Personalkredit und seine Pflege muß unter allen Umständen der Güterzertrümmerung vorgezogen werden. Wo aber eine Kasse einmal, vielleicht infolge des Unternehmungsgeistes und der besonderen Gewandtheit einiger leitender Persönlichkeiten, dazu übergeht, mit Glück Güterhandel zu treiben, da leidet erfahrungsgemäß ihr eigentlicher Beruf Schaden. Das Geld wird langfristig im Grund und Boden angelegt und für den Personalkredit ist es nicht mehr flüssig. So erzählte im Landtage 1912 der Abgeordnete Osel, daß eine Kasse mit 40000 M. Barmitteln 36000 M. in einem Güterzertrümmerungsgeschäft angelegt hatte, zu einer Zeit, als wegen Futternot das persönliche Kreditbedürfnis der Bauern sehr stark war. Dies ist ein Punkt, der auch dann Bedenken gegen das Gesetz erregen muß, wenn die Tätigkeit der Darlehnskassen sich wirklich noch so weit steigern sollte als notwendig, um den gewerbsmäßigen Handel auszuschalten.

Wahrscheinlich jedoch erscheint eine solche Steigerung an sich nicht. Wohl die meisten Kassen werden bei ihrem eigentlichen Zwecke verharren und dadurch dem Güterzertrümmerungsgesetz im allgemeinen fern bleiben. Ungenügende Sachkenntnis, ungenügende Barmittel — wie sich auch aus der oben angeführten Erscheinung ergibt, daß die von den Güterhändlern gezahlten Gutspreise den Kassen unerschwinglich sind —, das sind weitere Gründe, die die Darlehnskassen vom Güterhandel zurückhalten können. Ja, wenn der bayrische Landesverband landwirtschaftlicher Darlehnskassenvereine in seinem Jahresbericht 1912 darauf hinweist, daß den Vereinen durch die Verwicklung in Güterzertrümmerungsgeschäfte große Schwierigkeiten erwuchsen, wenn manche Kassen wohl auch unglückliche Geschäfte einleiteten und mit Verlust arbeiteten, so ist es sogar denkbar, daß manche Kasse, die in der ersten Zeit nach dem Gesetz in der neuen Tätigkeit sich versuchte, sich später unter dem Eindruck ihrer schlimmen Erfahrungen davon wieder zurückzieht[1].

Auch sonst noch wurden die gewerbsmäßigen Zertrümmerer ersetzt, und zwar wurden nach der Statistik zertrümmert von:

	Anwesensbesitzern		einem Dritten auf Kosten des Anwesensbesitzers	
	Zahl	Fläche (ha)	Zahl	Fläche (ha)
Oberbayern	17	245,53	5	63,78
Niederbayern	13	157,14	5	33,80
Oberpfalz	16	140,43	8	61,24
Altbayern	46	543,10	18	158,82

Es wäre eine erfreuliche Erscheinung, wenn sich der „Brauch“ mehr einbürgern sollte, daß die Anwesensbesitzer selber die Zertrümmerungen vornehmen. Vor dem Gesetz kam dies nur äußerst selten vor, so daß die Zahl des Jahres 1912 verhältnismäßig sehr hoch erscheint. Dies wäre eine gute Wirkung des Gesetzes, die gar nicht unmittelbar in seiner Absicht lag. Freilich auch das spricht dafür, daß das Gesetz den Zwischenhandel beim Grundstücksverkehr objektiv einschränkt. Denn nur aus einem starken Druck läßt es sich wohl erklären, daß die in Notlage sich befindenden Bauern plötzlich in verhältnismäßig so starker Zahl selbst zur Zertrümmerung schreiten. Wiewohl in anderen Gegenden (etwa in Braunschweig — cf. Anhang) die Zertrümmerung durch den Anwesensbesitzer selbst viel häufiger vorkommt! Bei dem Anwesensverkauf durch einen Dritten auf Kosten des Anwesensbesitzers ist der Verdacht nicht immer von der Hand zu weisen, daß es sich um Strohmänner der gewerbsmäßigen Güterzertrümmerer handelt, die durch irgendwelche Machenschaften das Gesetz zu umgehen suchen.

Auch in der Zunahme der Zwangsversteigerungen sah man ein Zeichen dafür, daß das Gesetz den Güterhandel mehr als gut einschränkt. Doch ist es heute noch nicht möglich, einen sicheren Schluß zu ziehen. Wieweit die Annahme wahrscheinlich ist, mögen die Zahlen der Zwangsversteigerungsfälle seit dem Jahre 1895 zeigen, die im folgenden angeführt seien:

Der Zwangsversteigerung fielen anheim:

Vor der Zertrümmerung:

Regierungsbezirk	1895	1896	1897	1898	1899	1900	1901	1902
Oberbayern	184	183	237	219	184	180	180	167
Niederbayern	197	235	306	338	184	177	154	134
Oberpfalz	160	130	125	134	157	134	141	126
Altbayern	541	548	668	691	525	491	475	427

[1] Selbst die Gemeinnützigkeit der Kassen ist nicht über jeden Zweifel erhaben. Vgl. Geisler, Privilegierte „Gemeinnützigkeit“.

Regierungsbezirk	1903	1904	1905	1906	1907	1908	1909	1910[1]
Oberbayern	132	117	105	86	79	104	93	77
Niederbayern	117	90	80	69	88	94	80	83
Oberpfalz	77	69	72	84	78	59	62	45
Altbayern	326	276	257	239	245	257	235	205

Nach der Zertrümmerung:

Regierungsbezirk	1911	1912
Oberbayern	88	91
Niederbayern	113	119
Oberpfalz	57	45
Altbayern	258	255

Im großen und ganzen zeigt sich mit zunehmender Zertrümmerung eine abnehmende Ziffer der Zwangsversteigerung. Bis zum Jahre 1910, dem Jahre, wo das Güterzertrümmerungsgesetz in Kraft trat, hält diese Abnahme an. Als dann infolge des Gesetzes die Güterzertrümmerung stark zurückgedämmt wurde, stiegen die Zwangsversteigerungen wieder. Am meisten stiegen sie in Niederbayern, wo die Güterzertrümmerungen am stärksten fielen. Hingegen fielen die Zwangsveräußerungen in der Oberpfalz 1912 wieder, während in dieser Zeit die Zertrümmerungen dort stiegen. So läßt sich immerhin mit einiger Wahrscheinlichkeit annehmen, daß zwischen Zwangsveräußerungen und Güterzertrümmerungen eine Wechselbeziehung besteht, daß die Eindämmung des Güterhandels eine Vermehrung der Vergantungen im Gefolge hatte.

Von besonderem Interesse ist die Wirkung des Güterzertrümmerungsgesetzes auf die Bodenpreise. Man befürchtete, das Gesetz könne ein starkes Sinken der Preise zur Folge haben. Einige Zeit nach dem Inkrafttreten des Gesetzes erließ die Regierung eine Rundfrage an die Rentämter der Regierungsbezirke Oberbayern, Niederbayern, Oberpfalz, Mittelfranken und Schwaben, jener Kreise, wo ein größerer bäuerlicher Grundbesitz herrscht, und die Zertrümmerung demnach besonders heftig war. Von den 131 Rentämtern bestätigten nur 38 einen Preisrückgang, 93 bemerkten keinen solchen. In Niederbayern, das von der Zertrümmerung am meisten heimgesucht war, fand von 22 Rentämtern nur in zweien ein Preisrückgang statt.

Dagegen bemerkte man in anderen Gegenden ein Steigen der Preise. So, wie schon früher erwähnt, in Agendorf bei Aidenbach, aber auch bei Straubing, Landsberg, Passau und Pfaffenhofen a. d. Ilm. Somit scheint das Gesetz in verschiedenen Gegenden in entgegengesetzter Richtung gewirkt zu haben. Und die Möglichkeit dazu ist wohl vorhanden. Denn während es einerseits das Angebot mindert, die Nachfrage dadurch dringender macht, hat es die Neigung, die Preise in die Höhe zu treiben, während es andererseits den skrupel-

[1] Seit 13. VIII. d. J. war das Güterzertrümmerungsgesetz bereits in Kraft.

losen künstlichen Preistreibereien des ungehemmten gewerbsmäßigen Güterhandels Einhalt tut, während es ferner den Gütern die leichte Verkaufsgelegenheit nimmt und damit ihren Kredit beeinträchtigt, ist es geneigt, die Preise zu drücken. Je nachdem, ob die eine oder die andere Wirkung hier und dort überwiegt, werden die Preise in einer Gegend steigen oder fallen. Jedenfalls stimmt es damit überein, wenn der Landwirtschaftsinspektor Ströbel im Königlichen Württembergischen Gesamtkollegium für die Landwirtschaft 1912 über die Wirkungen des bayrischen Güterzertrümmerungsgesetzes nach Mitteilungen von maßgebender Stelle berichtete, soweit ein Preisrückgang zu verzeichnen sei, seien davon hauptsächlich die großen Güter betroffen worden[1].

Soweit sich die Wirkung des Güterzertrümmerungsgesetzes heute beurteilen läßt, ist es nach dem Gesagten wahrscheinlich, daß die Darlehnskassen nicht in dem Maße zur Güterzertrümmerung befähigt sind, als das Gesetz annahm. Die Folge des Gesetzes dürfte demnach bleiben, wie sie bisher ist, daß zwar der Güterhandel überhaupt sehr stark, der gewerbsmäßige Güterhandel hingegen nicht hinreichend eingeschränkt wird, während die Absicht des Gesetzes umgekehrt war, nur den gewerbsmäßigen Güterhandel, nicht aber den Güterhandel selbst zu unterbinden.

Es wird noch geraume Zeit abzuwarten sein, ehe sich ein endgültiges Urteil über den Erfolg des Güterzertrümmerungsgesetzes bilden läßt; trotzdem fällt es noch in den Bereich unserer Aufgaben, uns zu fragen: Wenn sich die hier ausgesprochene und vielfach geteilte Ansicht von der Unzulänglichkeit der Darlehnskassen als Güterzertrümmerer bestätigen wird, welche Forderung stellt dann die Zukunft an die Bodenbesitzpolitik?

Es wurde schon gesagt, daß das Gesetz in seiner Tendenz richtig war. Die Güterzertrümmerung ist in erster Linie eine Kreditfrage. Der Gutsverkäufer braucht Bargeld, der Parzellenkäufer hat solches nicht. Es muß sich demnach zwischen Verkäufer und Käufer ein Kreditvermittler schieben, sei es, daß er sich lediglich darauf beschränkt, für Kredit zu sorgen, sei es, daß er selbst die zum Verkauf gebotenen Güter aufkauft, und sie auf eigene Rechnung zertrümmert. Wenn die ursprünglich für ganz andere Zwecke bestimmten Darlehnskassenvereine in dieser neuen Aufgabe versagen, so ergibt sich als unabweisliche Notwendigkeit ein neues, eigens für Güterzertrümmerung und Parzellierung geschaffenes Kreditinstitut.

Somit mündet der Gedankengang dieser Arbeit in einem Vorschlag, der schon bei den Vorberatungen des Landtages zum Güterzertrümmerungsgesetz von Dr. Heim vertreten wurde: Die Gründung einer „Landbank“. Der Vorschlag wurde wegen der Schwierigkeit der Finanzierung und wohl auch infolge der optimistischen Anschauung, die Darlehnskassen könnten denselben Zweck ebensogut, aber billiger erfüllen, fallen gelassen.

[1] Württembergisches Wochenblatt für Landwirtschaft. 1913. Nr. 2 und 3. „Sitzung des Gesamtkollegiums für die Landwirtschaft. 30. Dezember 1912.

Auch der andere Vorschlag Dr. Heims fällt in diesen Gedankenkreis: die planmäßige Ansiedelung von Landarbeitern. Schon die Zertrümmerung an sich ist geeignet, die Dienstbotennot zu mildern. Denn indem sie die Güter verkleinert, gibt sie der Arbeit der Familienangehörigen mehr Gewicht und vermindert damit die Nachfrage nach Dienstboten. Dennoch aber ist die Dienstbotenfrage damit nicht gelöst. Der Dienstbotennot läßt sich, wie oben (Kapitel IV) schon angedeutet, nur dadurch wirksam entgegentreten, daß man die Arbeitskräfte an die Scholle fesselt, daß man ihnen eigenes Land anweist. Die Erfahrung und die Statistik lehren, daß die Landflucht unter den eigentlichen Dienstboten, den unselbständigen Knechten und Mägden, viel höher ist, als unter den Tagelöhnern. Aber auch von den Tagelöhnern sind von denen mit Land 53,0 %, von denen ohne Land nur 38,8 % in der Zählgemeinde geboren. Das ist ein Beweis dafür, wieviel seßhafter eigener Landbesitz macht.

Daher erscheint auch diese Forderung Dr. Heims begrüßenswert, und sie ließe sich auch wohl noch in den Aufgabenkreis einer „Landbank" ziehen, so daß dieses Kreditinstitut drei Hauptzwecke haben müßte:

1. Kreditvermittlung bei Gutsverkäufen.
2. Ankauf angebotener Güter und Zertrümmerung auf eigene Rechnung nach gemeinnützigen Gesichtspunkten.
3. Planmäßige Ansiedelung von Landarbeitern.

Die Meinung, daß Zertrümmerung an sich ein Übel sei, trifft man heute wohl nur mehr bei einer kleinen Minderheit. Gibt man aber die Notwendigkeit der Zertrümmerung zu, so muß man auch ihre enorme Bedeutung anerkennen; denn sie hat in Altbayern die Aufgabe, die Besitzverteilung zu regulieren. Güterzertrümmerung ist eine „Melioration", sie ist wohl mit großen Kosten verbunden, aber sie wird den notwendigen Ausgleich schaffen zwischen Bevölkerung und Bodenbesitzverteilung, sie wird bei glücklicher Handhabung dafür sorgen, daß der Boden von schlecht wirtschaftenden Händen in gut wirtschaftende fließt und wird damit wesentlich zur Hebung der Landwirtschaft beitragen.

Schlußwort.

Das hier gegebene Bild der Verschiebungen in der landwirtschaftlichen Besitzverteilung in Altbayern ist nur ein kleiner Ausschnitt aus einem großen Gesamtvorgange. Überall läßt sich heute eine entgegengesetzte Tendenz in Gewerbe und Landwirtschaft beobachten. Das Gewerbe, die Industrie trachtet immer mehr nach Zentralisation, nach Zusammenballung in Großbetrieben und Betriebszusammenschlüssen. Die Landwirtschaft hingegen drängt immer mehr auf Dezentralisierung, nach Verkleinerung der Betriebe. Es ist immer derselbe Vorgang, ob man in Mexiko gegen die Tausende von Hektaren großen Plantagen durch Ansiedelung von Kolonisten auf Betrieben von 250—300 ha anzukämpfen sucht, ob man in Ländern bereits fortgeschrittener Kultur und dichterer Bevölkerung den einige 100 ha großen Grundbesitz mit Kleinbauern zu kolonisieren sucht, oder ob in Gebieten mit bäuerlichem Grundbesitz die Zertrümmerung — in erster Linie der großbäuerlichen Güter — eine Verkleinerung der Betriebe herbeiführt.

Der Grund ist zunächst ein sozialer. Er besteht in der hier stark betonten Spannung zwischen der ungeheuer wachsenden Bevölkerung und der stabilen Grundbesitzverteilung. Auf die soziale Seite dieser Erscheinung wurde hier nicht näher eingegangen. Hier wurde vielmehr zu zeigen versucht, wie der soziale Druck sich in einen wirtschaftlichen umsetzt.

Hierfür fanden wir zwei Ausgangspunkte. Der erste ist die Tatsache, daß der Menschenüberschuß des Landes, der vom Grundbesitz ausgesperrt ist, größtenteils in die Stadt flutet, selbst auf die Gefahr hin, daß er dort keinen Verdienst findet. Dies führt zur „Dienstbotennot", die hauptsächlich die Ursache der Unrentabilität der größeren Bauerngüter ist. Die Folge ist ein großes Angebot an ganzen Gütern; und da die Nachfrage nach Land groß ist, so liegt schon hierin der Keim zur Zertrümmerung.

Der zweite Ausgangspunkt liegt darin, daß die Spannung zwischen Bevölkerung und Grundbesitz die Neigung hat, die Preise über den Ertragswert der Güter zu steigern und daß in dem einsetzenden starken Güterhandel, wie oben gezeigt, dasselbe Streben liegt. Die bedenkliche Folge davon ist nicht nur unmittelbar bei den Parzellenkäufern festzustellen, sondern auch mittelbar bei der gesamten Landwirtschaft. Denn die überhohen Verkehrspreise beeinflussen die Übernahmspreise, die Güter werden beim Erbgang überlastet, und im Laufe der Zeit ist eine starke Verschuldung der gesamten Landwirtschaft eingetreten. Dies wird dann zur Ursache, daß die gesamte Landwirtschaft mit in die Zertrümmerung hineingerissen wird.

Die Mittel zur Besserung der bestehenden mißlichen Umstände wurden zum Teil schon genannt. Sie sind einerseits die gemeinnützige Organisation der Güterzertrümmerung und die Ansiedelung von Tagelöhnern; andererseits aber ist eine möglichst eingehende Belehrung der landwirtschaftlichen Bevölkerung geboten. Hier läßt sich noch sehr vieles bessern. Und in neuester Zeit ist in dieser Beziehung mancher Fortschritt zu verzeichnen. So wird besonders seit der neuen Steuergesetzgebung von den Rentämtern mit Nachdruck und nicht ohne Erfolg auf die Notwendigkeit der bäuerlichen Buchführung hingewiesen. Sollte sich die Buchführung allgemein einführen lassen, so wäre damit eine einschneidende Besserung erzielt, an die sich viele Hoffnungen knüpfen lassen. Denn sie wird den Bauern in den Stand setzen, den Ertragswert seines Gutes richtig zu beurteilen, sie wird Überzahlungen und übertriebene Übernahmssummen hintanhalten. Der Bauer wird geschäftlich selbständiger werden, jenes durch seine Unselbständigkeit erzeugte Mißtrauen wird schwinden, und durch all das wäre es vielleicht möglich, jenen von Dr. Schmelzle in seinen Aufsätzen angedeuteten Idealzustand der Zertrümmerung zu erreichen: Zertrümmerung durch den Anwesensbesitzer selbst auf eigene Kosten, allenfalls mit Inanspruchnahme des Kredites eines geeigneten Institutes.

In Bayern, besonders in Altbayern, ist die Landwirtschaft noch immer der Haupterwerbszweig der Bevölkerung. Das verleiht allen landwirtschaftlichen Fragen dort ein besonderes Gewicht, und einer der bedeutendsten Punkte ist heute ohne Zweifel die Güterzertrümmerungsfrage; denn sie ist eine Frage der Bodenbesitzverteilung, an deren tiefgehende Bedeutung die in der Einleitung angeführten Worte Gustav Schmollers eindringlich mahnen.

Anhang.

Die Güterzertrümmerungsstatistik in Deutschland und Österreich.

Es ist außerordentlich wenig, was an eigentlicher Güterzertrümmerungsstatistik in Deutschland vorhanden ist und steht in keinem Verhältnis zu dem Interesse, das man gerade in jüngster Zeit allgemein dieser Frage entgegenbringt. Auch ist die Statistik keineswegs ganz jung, wenn sie auch meist nur in vereinzelten Erhebungen angewandt wurde.

Die eingehendste Statistik hatte von jeher Bayern, wo sie auch bis heute am weitesten ausgebildet ist, so daß sie meist den übrigen Staaten zum Vorbild gedient hat. In Bayern wurde schon 1844 die erste Güterzertrümmerungsstatistik veranstaltet, die den Zeitraum von 1825—1843 umfaßte. Die Statistik beruhte auf Angaben der mit den Grundbüchern betrauten Ämter. Die Erkundigungen waren ziemlich ausführlich. Sie fragten nach Zahl und Fläche der zertrümmerten Anwesen, unterschieden zwischen vollständigen Zertrümmerungen (wo kein Restgut verblieb) und teilweisen, erforschten die Zahl der neuen Anwesen und so die Mehrung und Minderung der Besitzungen. Außerdem beschäftigten sie sich mit den Fällen besonders, wo die Zertrümmerungen mit Hilfe eines „Unterhändlers" betrieben wurden. Trotz dieser Ausführlichkeit kann die Statistik kaum Anspruch auf große Genauigkeit machen. Dagegen spricht schon der lange Zeitraum, der nachträglich erforscht wurde. Dennoch sind die Ergebnisse auch heute noch in manchen Punkten von Interesse. Schon damals wurde festgestellt, daß „die dismembrierten Besitzungen durchweg über der durchschnittlichen Größe standen", daß also die großen Bauerngüter in erster Linie von der Zertrümmerung betroffen wurden. Dagegen war der Anteil der „Unterhändler" an der Zertrümmerung wesentlich geringer als jetzt. 30% der gesamten Zertrümmerung waren vollständige Zertrümmerungen. Diese ganz aufgelösten Besitzungen zählten jährlich durchschnittlich 688, davon bildeten sich durchschnittlich 767 neue, so daß die Mehrung der Anwesen im Jahresdurchschnitt 79 betrug.

Erst 1890 wurde wieder eine Güterzertrümmerungsstatistik angeordnet über die Jahre 1888, 1889 und 1890. Den Gemeindebehörden wurden Listen vorgelegt, worauf sie nach dem darübergesetzten Frageschema sämtliche vorgekommenen Güterzertrümmerungen chronologisch aufzuzeichnen hatten. Die Bezirksämter und Kreisverwaltungen hatten die Angaben zu bestätigen, ihre besonderen Beobachtungen mitzuteilen und an das Kgl. Statistische Bureau zur Bearbeitung weiterzugeben.

Der Fragebogen erkundete in den ersten drei Fragen Zahl und Fläche der zertrümmerten Güter, sowie die Größe des verbliebenen Restgutes; in zwei weiteren Fragen das Schicksal der abgetrümmerten Grundstücke, vor allem, ob damit neue Anwesen gegründet wurden oder nicht und die Ursachen, die zur Zertrümmerung führten. Die drei letzten Fragen beschäftigten sich mit der Person und dem Geschäftsgebaren des Güterhändlers, besonders ob er den Güterhandel gewerbsmäßig betreibt oder nicht.

Die Schwierigkeit einer Güterzertrümmerungsstatistik liegt schon in der genauen Festlegung des Begriffes „Güterzertrümmerung". Der betreffende Ministerialerlaß bestimmte damals:

> „Nur solche Gutszertrümmerungen sind in die Tabelle einzutragen, die dazu geführt haben, daß ein bäuerliches Anwesen als solches nicht mehr fortbesteht. Die Abtrennung einzelner Grundstücke von einem Anwesen und die Teilung eines Grundstückes in mehrere Teile kommt bei der gegenwärtigen Erhebung nicht in Betracht und ist nicht zur Anzeige zu bringen..... Ein bäuerliches Anwesen ist ein Gut, das einer bäuerlichen Familie ohne Zuhilfenahme von Nebenerwerb ..... die erforderliche Subsistenz gewährt."
>
> Als gewerbsmäßiger Güterhändler sollte schon betrachtet werden, wer mehr als einmal ein Gut zertrümmert hat."

Diese Statistik wird dadurch stark entwertet, daß der Begriff „Güterzertrümmerung" viel zu eng gefaßt ist, indem „Abtrümmerungen" durch sie nicht erfaßt wurden. Der Fehler wird besonders dadurch schwerwiegend, daß die Zertrümmerung gerade im großbäuerlichen Gute am meisten wütet und daß natürlich gerade im großbäuerlichen Gut die Fälle selten sind, wo das Anwesen vollständig aufgelöst wird. Wenn aber beispielsweise von einem 60 ha großen Komplex 50 ha zertrümmert wurden und ein Restgut von 10 ha blieb, so fiel das nicht unter die Statistik. Es ist sicher, daß viele untere Behörden praktischen Sinn genug hatten, solche Fälle dennoch zu verzeichnen, andere aber hielten sich streng an den Wortlaut des Erlasses, und so kommt eine Ungleichheit in die Erhebung. Jedenfalls ist ein Vergleich mit der späteren, heute noch fortlaufenden Statistik nicht möglich, bei der 1894, als die Erhebungen wieder aufgenommen wurden, dieser Fehler verbessert und als „Gutszertrümmerung" solche Geschäfte verstanden wurden,

> „.....die dazu geführt haben, daß ein bäuerliches Anwesen als solches nicht mehr fortbesteht, oder durch Abtrennung von Grundstücken, Wald usw. so wesentlich verkleinert worden ist, daß sich hieraus nachteilige Folgen für den Fortbestand und die gedeihliche Fortführung der betreffenden Wirtschaft ergeben haben."

Ob diese Erklärung theoretisch richtig ist, ist fraglich, aber gleichgültig. Denn dadurch ist praktisch die Entscheidung innerhalb eines gewissen Rahmens dem Urteil der berichtenden Unterbehörden überlassen. Und das ist wohl das Richtige.

Diese neue Statistik wurde von vornherein auf eine breitere Basis gestellt. Ihre Quellen sind die Gemeinden und die Bezirksämter in Verbindung mit den gewerbsmäßigen Güterhändlern.

1894 wurden die Güterhändler verpflichtet, nach ganz bestimmten Vorschriften Geschäftsbücher zu führen und in diese jederzeit den Distriktsverwaltungsbehörden Einblick zu gewähren. Die Bezirksämter hatten über die in ihrem Bezirke lebenden Güterhändler Listen aufzustellen, aus denen sich die Zahl der „eingetragenen Güterhändler“, wie sie in den Veröffentlichungen genannt werden, ergibt. Außerdem war den Güterhändlern geboten, über jede beabsichtigte Zertrümmerung am Bezirksamt Anzeige zu erstatten.

Die Fragebogen hatten die Gemeinden von Jahr zu Jahr in derselben Weise wie früher auszufüllen. Das Erhebungsjahr lief vom 1. März zum 1. März.

Erst allmählich erweiterte sich der Umfang der Statistik. Im Erhebungsjahre 1897/98 traten als neu die Fragen nach dem Gutsinventar hinzu. Man hatte die Erfahrung gemacht, daß der Hauptgewinn der Güterhändler sich aus dem Verkauf des Inventars ergibt, das der Händler zumeist sofort nach dem Ankauf eines Gutes versteigert. Beim Verkauf des Restgutes wird dann der Wertverlust, den das Gut durch die Einbuße des Inventars erlitten hat, viel zu niedrig eingeschätzt. Um diesen Klagen der landwirtschaftlichen Ausschüsse eine positive Grundlage zu geben, wurden in die statistischen Fragebogen folgende neue Fragen eingeschoben:

a) War das Gutsinventar bei der Zertrümmerung nicht mehr vorhanden?

b) Verblieb es beim Anwesen?

  aa) Ganz?

  bb) Teilweise?

c) Wurde es versteigert?

d) Wurde es anderweitig verwertet?

Dazu trat 1899 ein neuer, die Statistik fördernder Erlaß, der den Wald betraf. Die Verordnung lautete:

„Wer den Handel mit ländlichen Grundstücken gewerbsmäßig betreibt, ist verpflichtet, binnen 8 Tagen nach Abschluß des Vertrages der Distriktsverwaltungsbehörde Anzeige zu erstatten, wenn er ein Waldgrundstück erwirbt oder für sich oder für einen andern veräußert.“

Die Aufarbeitung und Veröffentlichung des Materials geschah, entsprechend den Erhebungen, nach folgenden Gesichtspunkten: Zunächst nach Zahl und Fläche der zertrümmerten Güter (die Tabellen sind S. 74—76 mitgeteilt), nach der Gruppierung der Zertrümmerungen, nach der Größe der zertrümmerten Güter und nach dem Restgut. Der Wald bildet seit 1899 ein besonderes Kapitel in der Statistik. Die Daten beruhen auf doppelter statistischer Grundlage: auf den Anzeigen der Güterhändler und auf den Anzeigen der Gemeindebehörden. Als typisch seien hier die für den Zeitraum 1894—1904 geltenden Zahlen angeführt.

Von der gesamten Zertrümmerungsfläche in Bayern waren 19 % mit Wald bedeckt. Von dieser bei Zertrümmerungen beteiligten Waldfläche verblieben:

20,7 % beim Restgut,
79,3 % wurden verkauft.

18,8 % wurden abgeschwendet und von dieser abgeholzten Fläche wurden nur 27 % wieder aufgeforstet.

Die Fragen über das Gutsinventar ergaben, daß in 81,5 der zertrümmerten Fälle das Inventar versteigert oder „anderweitig verwendet“ wurde. In 4,3 % war es zur Zeit der Zertrümmerung bereits nicht mehr vorhanden.

Die Angaben über das „Verhalten der Güterhändler“ beschränkten sich im allgemeinen auf die Zahl der eingetragenen Güterhändler und auf den Anteil des gewerbsmäßigen Güterhandels an der Gesamtzertrümmerung. (Siehe Tab. IV.) Über das übrige Geschäftsgebaren, besonders wie weit es wucherisch ist, vermochte die Statistik selbstverständlich nicht aufzuklären.

Ziemlich unzuverlässig erscheinen die statistischen Daten über die „Ursachen der Zertrümmerung“, wie es überhaupt fraglich ist, ob man die Ursachen eines wirtschaftlichen Vorganges je mit Erfolg zum Objekt einer unmittelbaren, exakten statistischen Erhebung machen kann. Die Gemeindebehörden, die auch hierüber Aufschluß geben sollten, konnten die genauen Ursachen wohl häufig nicht wissen. Denn erstens hat eine Zertrümmerung meist mehr als eine Ursache, und zweitens ist zu unterscheiden zwischen innerer Ursache und äußerem Anlaß. So werden oft Ursachen genannt, daß man veranlaßt ist, erst wieder nach der Ursache dieser Ursachen zu fragen; so: Aufgabe oder Verkleinerung des landwirtschaftlichen Betriebes, oder Erwerb eines anderen Anwesens. Nach der so aufgestellten Statistik sind finanzielle Notlagen verschiedener Art und ungünstige Familienverhältnisse die häufigsten Ursachen der Zertrümmerung (zusammen 27 %).

Diese Verhältnisse führten zum bayrischen Güterzertrümmerungsgesetz vom 27. VIII. 1910, das oben behandelt ist.

Infolge dieses Gesetzes wurde die Güterzertrümmerungsstatistik seit 1912 völlig neu organisiert. Die Aufgabe der Statistik wurde jetzt, seine Wirkungen festzustellen. Dazu waren durch die Gesetzesbestimmungen, besonders durch die Anzeigepflichten, viel festere Unterlagen für die Statistik geboten. Es kommen vor allem in Betracht Artikel 2 des Güterzertrümmerungsgesetzes:

„Der Güterhändler hat der Distriktsverwaltungsbehörde, in deren Bezirk die verkauften Grundstücke liegen, binnen 8 Tagen nach Abschluß des Vertrages von diesem Anzeige zu erstatten."

Das Gesetz hat nur Geltung für den Ankauf von „geschlossen bewirtschafteten Grundstücken", und darunter versteht das Gesetz in Artikel 10 „.....landwirtschaftliche Anwesen oder Grundstücke von mindestens 5 ha Flächeninhalt, die innerhalb der letzten drei Jahre vor der Veräußerung zusammen bewirtschaftet worden sind".

Eine weitere Grundlage für die Statistik bildet die Anzeigepflicht, die sich für den Güterhändler aus § 2 der Vollzugsbekanntmachung zum Güterzertrümmerungsgesetz ergibt. Diese bestimmt:

„Wenn der Güterhändler eine Zertrümmerung durchzuführen beabsichtigt, so hat er noch vor der Einleitung des Geschäftes der Distriktsverwaltungsbehörde Anzeige zu erstatten..... Die Anzeige ist ohne Rücksicht auf den Flächeninhalt der Grundstücke..... erforderlich."

Durch diese Anzeigepflichten ist der gesamte gewerbsmäßige Güterhandel unter scharfe Kontrolle der Distriktsverwaltungsbehörden gestellt. Demgemäß sind die Bezirksämter in der neuen Statistik die letzten Quellen zur Erforschung des gewerbsmäßigen Güterhandels. Diesem Zwecke dient der Fragebogen A.

Daneben dient ein zweiter Fragebogen B der Erhebung des nichtgewerbsmäßigen und daher nicht anzeigepflichtigen Güterhandels, der von den Gemeinden auszufüllen ist.

Wie früher, macht auch jetzt die Statistik wieder den Grundunterschied zwischen nichtgewerbsmäßiger und gewerbsmäßiger Zertrümmerung. Bei der letzteren unterscheidet sie

1. Fälle, die unter das Gesetz fallen (bei Gütern über 5 ha),
2. Fälle, die nicht unter das Gesetz fallen (bei Gütern unter 5 ha).

Im zweiten Falle liegt eine Fehlerquelle der Statistik. Denn ihre Erforschung beruht auf Anzeigen beabsichtigter Zertrümmerungen, und da die Behörde keine gesetzlichen Mittel hat, zu erforschen, ob die Absicht auch wirklich durchgeführt wurde, so wird die bloße Absicht als vollendete Tatsache in den Fragebogen eingezeichnet, wodurch die für diese Gruppe herauskommende Zahl jedenfalls zu hoch ist.

Ein weiterer, besonders wichtiger Unterschied der jetzigen Statistik von der früheren aber ist folgender: Früher wurden die Zertrümmerungen erst nach ihrer Vollendung in die Listen eingetragen. Das ist sehr schwierig, da sich eine Zertrümmerung oft durch mehrere Jahre hinzieht. Auf diese Weise erschienen viele Zertrümmerungen erst einige Jahre, nachdem sie angefallen waren, in der Statistik. Das ist ein ziemlich schwerer Fehler, denn dadurch verschob sich das Bild der einzelnen Jahre zueinander.

Dem ist jetzt dadurch abgeholfen, daß statt der Listen Individualbögen eingeführt sind. Jede anfallende Zertrümmerung wird sofort in den Bogen eingezeichnet und darauf der Fortschritt der Zertrümmerung weiter verfolgt. Am Schlusse des Jahres wird der Bogen eingeschickt und auf einem neuen Bogen dieselbe Zertrümmerung weiter verfolgt. So ist es dem statistischen Landesamt möglich, genau zwischen neu angefallenen Zertrümmerungen und zwischen vollendeten und unvollendeten zu unterscheiden. Und darin liegt wohl einer der wesentlichsten Fortschritte der neuen Statistik.

Außerdem ist jetzt — wie schon 1844 — unterschieden zwischen vollständiger Zertrümmerung und bloßer Abtrümmerung. Das Erhebungsjahr ist seit 1912 das Kalenderjahr.

Was die Einzelheiten der Fragebogen betrifft, so sind viele Fragen hinzugekommen, die sich auf das Güterzertrümmerungsgesetz beziehen. So die Frage nach den in Betracht kommenden Vorkaufsberechtigten, nach der Ausübung des Vorkaufs- und des Rücktrittsrechtes. Neu ist desgleichen die Frage nach dem Preise des vom Güterhändler angekauften Gutes in Fragebogen A.

Weniger wichtig sind zwei weitere Fragebogen C und D, die von den Bezirksämtern auszufüllen sind. C bezieht sich auf die Durchführung der Forstgesetznovelle von 1908 und D erforscht die allgemeinen Verhältnisse des Güterhandels, besonders die Zahl der eingetragenen Güterhändler und der vorkaufsberechtigten Institute.

Die Wirkungen des Güterzertrümmerungssetzes sind bereits oben an der Hand dieser Statistik gezeigt. Genügen auch die bisherigen Veröffentlichungen noch nicht, ein vollendetes Bild zu geben, so darf man dies von der eingehenden und gut organisierten Statistik im Laufe der Zeit wohl erwarten.

Nach dieser eingehenden Behandlung der bayrischen Statistik können die übrigen kürzer betrachtet werden, da sie meist nach dem Muster der bayrischen organisiert sind. In Braunschweig wurden 1874 alle bis dahin geltenden Beschränkungen des freien Güterverkehrs aufgehoben. Darauf setzte ein starker Güterhandel ein, dessen Umfang bald Besorgnisse erregte. So wurde schon 1889 eine Enquête veranstaltet, indem die herzoglichen Kreisdirektionen zur Berichterstattung über „Betrieb, Umfang und Form des Grundstückwuchers“ aufgefordert wurden. Ihr Ergebnis war weniger ungünstig, als man offenbar erwartet hatte und so ließ man die Angelegenheit ruhen. Aber auf ein besonders Aufsehen erregendes Wuchergeschäft im Jahre 1894 hin beschloß die Regierung, trotz des mißbilligenden Gutachtens des landwirtschaftlichen Zentralvereins, eine Güterzertrümmerungsstatistik einzuführen nach dem Muster der eben gegründeten bayrischen Statistik.

Da keine Anzeigepflichten bestanden, so waren die Berichterstatter lediglich die Gemeinden. An diese wurden Listen ausgegeben, die nach dem verkauften Gut, nach dem Restgut und nach der Person des Güterhändlers fragten. Als Definition für „Güterzertrümmerung“ wurde die bayrische übernommen. Die Listen sind von den Gemeinden im Laufe des Kalenderjahres auszufüllen, von den Kreisdirektionen zu kontrollieren und an das Herzogliche Statistische Amt abzuliefern.

Diese Statistik ist weniger ausführlich als die damalige bayrische und hat vor allem deren Fehler, daß Zertrümmerungen, die sich über ein Jahr hinaus erstrecken, nicht kenntlich sind. In der Bearbeitung, die ebenfalls weniger eingehend ist als die bayrische, wird vor allem zwischen gewerbsmäßiger und nichtgewerbsmäßiger, und zwischen vollständiger und nichtvollständiger Zertrümmerung unterschieden.

Die erste Erhebung wurde 1896 veranstaltet, die Resultate sind bis 1905 veröffentlicht. Die Zertrümmerung ist verhältnismäßig viel geringer, als in den bayrischen Bezirken, die, wie Braunschweig, größeren bäuerlichen Grundbesitz haben. Die Zertrümmerungen der 10 Jahre zeigt folgende Tabelle:

Zertrümmerungen 1896—1905.

Fälle	Gesamtfläche vor der Zertrümmerung (ha)	Vom Anwesen getrennte Fläche (ha)	Restfläche (ha)
383	6687,37	5555,31	1132,06

Davon waren 284 vollständige, 99 unvollständige Zertrümmerungen. Auch der Anteil der gewerbsmäßigen Zertrümmerung ist in Braunschweig wesentlich geringer als in Bayern. Hier schwankte er vor dem Gesetz zwischen 65 und 75 %, in Braunschweig betrug er nur 27,68 % der Zertrümmerungsfälle, nach der Fläche berechnet: 45,8 %. Daraus ist zu schließen, daß auch in Braunschweig die Güterhändler sich mit Vorliebe auf die größeren Güter werfen. In ungefähr 50 % der Fälle zertrümmerte der Anwesenbesitzer selbst oder dessen Erbe; und gerade hier zeigt sich eine starke Überlegenheit des braunschweigischen Güterhandels vor dem bayrischen.

Der dritte deutsche Staat, der eine ausgeprägte Güterzertrümmerungsstatistik hat, ist Württemberg. Über ihre Organisation ist nicht mehr viel Neues zu sagen. Die Gemeinden sind bei der Erhebung formell ausgeschaltet. Die Fragebögen haben die Oberämter auszufüllen, die sich dazu freilich, da nicht so strenge Anzeigepflichten wie in Bayern bestehen, mit den Gemeinden und Grundbuchämtern ins Vernehmen zu setzen haben. Das Material wird aber nicht an das Statistische Landesamt geleitet, sondern an die Königliche Zentralstelle für Landwirtschaft und dort aufgearbeitet. Unter Zertrümmerung versteht die württembergische Statistik dasselbe wie die bayrische. Die erste Erhebung erfolgte 1907, die Ergebnisse sind veröffentlicht bis zum Jahre 1911 im Württembergischen Staatsanzeiger und abgedruckt im Württembergischen Wochenblatt für Landwirtschaft.

In Württemberg besteht seit 1853 ein Gesetz, das verbietet, mehr als $^1/_4$ von einem durch Kauf erworbenen geschlossenen Gut innerhalb 3 Jahren weiter zu verkaufen. Dieses Gesetz ist trotz seiner Strenge fast wirkungslos. Es sind in Württemberg 1907—1911 ständig 600 bis 650 Güterhändler in den Listen der Oberämter geführt worden. Die Zahl der Zertrümmerungen zeigt folgende Tabelle:

Güterzertrümmerungen 1907—1911.

Fälle	gewerbsmäßig	Fläche (ha)	gewerbsmäßig (ha)
1196	630 = ca. 53%	10477,35	6942,88 = 66,2%

Der Anteil des gewerbsmäßigen Güterhandels an der Fläche ist hier sehr bedeutend höher, als an der Zahl der Fälle. Im allgemeinen aber ist die Güterzertrümmerung auch hier nicht so stark wie in Bayern.

Außer diesen drei Ländern hat kein deutsches Land eine eigentliche Güterzertrümmerungsstatistik. Für Österreich besteht nur eine Enquete über die Jahre 1894—1898, die sich vor allem über das Geschäftsgebaren der Güterhändler zu orientieren suchte. Sie wurde 1899 vom Justizministerium angeordnet und vom Ackerbauministerium mit Hilfe der statistischen Landesstellen ausgeführt.

Eine eingehendere Statistik hat Steiermark in Österreich. Abgesehen von einer mehr monographischen Erhebung in einigen Gemeinden über die Besitzveränderungen 1894—1898, deren Quellen die Grundbücher sind, wurde im Jahre 1903 auf Anregung der Abgeordnetenkammer eine fortlaufende Statistik über: „Verkäufe bäuerlicher Besitzungen an Personen nichtbäuerlichen Standes“ eingeleitet. Wie schon aus der Benennung hervorgeht, legt die Statistik das Hauptgewicht auf den Beruf des Gutskäufers, nicht auf die Zertrümmerung. Dies geschieht deshalb, weil dort sehr viele Bauernstellen von Großgrundbesitzern zur Vergrößerung ihres Besitzes aufgekauft werden. Dennoch fällt die Zertrümmerung in den Bereich dieser Statistik.

Die Statistik bedient sich der Einzelzählbogen, die von den Steuerämtern für jeden Fall ausgefüllt werden. In den Jahren 1903—1907 wurden 1817 Bauerngüter mit 29299 ha aufgekauft. Die Verhältnisse sind in den drei Teilen Steiermarks: Oberland, Mittelland, Unterland sehr verschieden. Im Oberland, wo meist Großgrundbesitzer die Kaufenden sind, kam fast gar keine Zertrümmerung vor. Im Mittelland ist die Zertrümmerung in 25—40% der Ankäufe erfolgt, im Unterland in 15—30%. Genaueres über die Güterzertrümmerung läßt sich aus dieser Statistik nicht herauslesen.

In Preußen gibt es seit dem Jahre 1896 eine Statistik über den „Besitzwechsel land- und forstwirtschaftlicher Grundstücke“. Die Grundlage für diese Statistik bilden die Gerichtsbehörden, die aus den Grundbüchern darüber Bericht zu erstatten haben. Aus dem einlaufenden Material sind die Fälle, in denen es sich um Grundstückszersplitterungen handelt, selbständig herausgearbeitet. Dabei ist zwar noch unterschieden zwischen Zersplitterungen, die auf dem Erbgang, und solchen, die durch Kauf vorgenommen werden. Jedoch auf die Einzelheiten des Kaufes, vor allem auf die Organisation des Zwischenhandels, läßt sich diese Statistik nicht ein, so daß sie nicht als eigentliche Güterzertrümmerungsstatistik anzusehen ist.

Trotzdem eine Güterzertrümmerungsstatistik nur in wenigen Staaten besteht, ist doch das Interesse, das man dieser Frage entgegenbringt, überall sehr groß. In der neusten Zeit macht sich eine Neigung bemerkbar, durch Gesetze gegen den Grundstückswucher vorzugehen. Ältere Gesetze bestehen schon in Württemberg, Baden, Sachsen und Sachsen-Altenburg.

Im BGB. wurde die Regelung dieser Frage wegen der Verschiedenheit der Verhältnisse den Einzelstaaten überwiesen. Seitdem beschäftigt man sich wieder vielfach mit der gesetzlichen Beschränkung des Güterhandels. Das einzige bisher in Geltung getretene Gesetz ist das bayrische. Aber auch in Württemberg denkt man daran, das alte Gesetz durch ein neues nach bayrischem Muster zu ersetzen. In Sachsen-Meiningen ist ein Gesetz in Vorbereitung, das bei Gutsverkäufen ebenfalls Rücktrittsrecht und Vorkaufsrecht einführen will, daneben aber auch die Genehmigungspflicht, die aus dem bayrischen Gesetz vom Landtag gestrichen wurde. In Österreich beschäftigte sich der Landwirtschaftsrat 1906 und 1907 mit der Frage. Schon 1888 wurde in Österreich ein Gesetzentwurf ausgearbeitet, der außerordentlich schroff ist, indem er den gewerbsmäßigen Güterhandel als strafbares Vergehen mit strengem Arrest bis zu drei Monaten und mit Geld bis zu 500 Gulden bestrafen wollte. Der Entwurf blieb unerledigt. Der Antrag, der 1906 besprochen wurde, sprach sich lediglich für Genehmigungspflicht aus. Im Jahre 1907 näherte man sich mehr den Vorschlägen des jetzigen bayrischen Gesetzes. Zu einem Resultate ist die Frage noch nicht gekommen.

Auch in Preußen ist ein Entwurf zu einem Parzellierungsgesetz bereits dem Landtag vorgelegt, der in der Hauptsache eine doppelte Tendenz hat: einerseits Güterzerteilungen zu erschweren, andererseits für eine fortschreitende innere Kolonisation zu sorgen.

Diese doppelte Tendenz dürfte wohl das Notwendigste sein bei der gesetzlichen Regulierung der Güterzertrümmerung. Wo der Landwucher sehr blüht, dort ist das meist ein Beweis, daß die Kreditverhältnisse nicht günstig genug sind. Es genügt daher nicht, daß man den gewerbsmäßigen Güterhandel mit Gewalt unterbindet, man muß auch dafür sorgen, daß er durch entsprechende gemeinnützige Kreditinstitute ersetzt wird.

Tabellen.

Tabelle I.

Zertrümmerungen 1894—1904.

Zertrümmerungsfälle.

Regierungsbezirk	1894/95		1895/96		1896/97		1897/98		1898/99	
	Ges.[1] Zahl	Gew.[2] Zertr.	Ges. Zahl	Gew. Zertr.	Ges. Zahl	Gew. Zertr.	Ges. Zahl	Gew. Zertr.	Ges. Zahl	Gew. Zertr.
Oberbayern	182	138	148	111	159	134	212	163	117	87
Niederbayern . . .	147	98	123	94	155	112	152	108	91	58
Oberpfalz	132	90	105	73	100	74	143	102	94	65
Altbayern	461	326	376	278	414	320	507	373	302	201

Regierungsbezirk	1899/1900		1900/01		1901/02		1902/03		1903/04	
	Ges. Zahl	Gew. Zertr.	Ges. Zahl	Gew. Zertr.	Ges. Zahl	Gew. Zertr.	Ges. Zahl	Gew. Zertr.	Ges. Zahl	Gew. Zertr.
Oberbayern	186	143	141	106	202	152	192	143	258	208
Niederbayern . . .	94	69	58	48	115	95	141	115	152	127
Oberpfalz	101	79	58	41	108	79	92	68	109	81
Altbayern	381	291	257	195	425	326	425	326	519	416

Tabelle II.

Zertrümmerungen 1904—1910.

Zertrümmerungsfälle.

Regierungsbezirk	1904/1905			1905/1906			1906/1907		
	Ges. Zahl	Gew. Zertr.	durch Darl.-Kassen	Ges. Zahl	Gew. Zertr.	durch Darl.-Kassen	Ges. Zahl	Gew. Zertr.	durch Darl.-Kassen
Oberbayern . .	299	244	16	326	260	19	316	251	19
Niederbayern .	169	143	1	220	174	1	283	233	3
Oberpfalz . . .	121	87	3	163	128	5	160	133	3
Altbayern . . .	589	474	20	709	562	25	759	617	25

[1] Gesamtzahl. [2] Gewerbsmäßige Zertrümmerungen.

(Fortsetzung von Tabelle II.)

Regierungsbezirk	1907/1908			1908/1909			1909/1910		
	Ges. Zahl	Gew. Zertr.	durch Darl.-Kassen	Ges. Zahl	Gew. Zertr.	durch Darl.-Kassen	Ges. Zahl	Gew. Zertr.	durch Darl.-Kassen
Oberbayern . .	322	261	21	327	277	18	310	264	22
Niederbayern .	308	270	1	315	289	2	316	299	2
Oberpfalz . . .	172	139	5	160	136	6	174	146	9
Altbayern . . .	802	670	27	802	702	26	810	709	33

Tabelle III.

Zertrümmerungen 1894—1910.

Zertrümmerte Fläche in ha.

Reg.-Bez.	1894/95	1895/96	1896/97	1897/98	1898/99	1899/1900
Oberbayern . . .	3086,85	2877,20	2931,97	4159,54	1894,06	3111,68
Niederbayern . .	2881,37	2288,56	3147,07	3263,37	2215,58	1739,41
Oberpfalz . . .	2465,28	1983,73	1854,99	2818,37	1434,77	1581,40
Altbayern . . .	8433,50	7149,49	7934,03	10241,28	5554,41	6431,49

Reg.-Bez.	1900/01	1901/02	1902/03	1903/04	1904/05	1905/06
Oberbayern . . .	2460,45	3749,33	3458,15	5197,47	5430,15	6597,75
Niederbayern . .	1419,20	2423,87	3557,56	3684,74	3872,86	4613,27
Oberpfalz . . .	1190,44	2238,57	1809,14	2167,02	2197,43	2808,17
Altbayern . . .	5050,09	8411,77	8824,85	11049,23	11500,44	14019,19

Reg.-Bez.	1906/07	1907/08	1908/09	1909/10
Oberbayern	6153,11	6331,47	5517,15	4876,37
Niederbayern	5780,87	6591,92	6725,06	5561,28
Oberpfalz	2977,57	3112,03	2219,43	2477,03
Altbayern	14911,55	16035,42	14461,64	12914,68

Tabelle IV.

Eingetragene Güterzertrümmerer.

Reg.-Bez.	1894/95	1895/96	1896/97	1897/98	1898/99	1899/1900
Oberbayern . .	137	135	137	137	124	81
Niederbayern .	86	94	88	78	73	67
Oberpfalz . . .	88	99	112	104	72	100
Altbayern . . .	311	328	337	319	269	248

(Fortsetzung von Tabelle IV.)

Reg.-Bez.	1900/01	1901/02	1902/03	1903/04	1904/05	1905/06
Oberbayern . .	83	85	108	132	155	159
Niederbayern .	61	64	95	120	124	129
Oberpfalz . . .	79	84	81	90	89	92
Altbayern . . .	223	233	284	342	368	380

Reg.-Bez.	1906/07	1907/08	1908/09	1909/10
Oberbayern	197	190	208	247
Niederbayern	160	178	216	258
Oberpfalz	95	106	119	139
Altbayern	352	474	543	644

Literatur.

Miaskowski, A. v., Das Erbrecht und die Grundbesitzverteilung im Deutschen Reich. Schriften d. Ver. f. Soz.-Pol. Bd. 20.

Ranke, H., Die Verhältnisse in drei Bauerngemeinden in der Umgebung Münchens. Schriften d. Ver. f. Soz.-Pol. Bd. 22. S. 273 ff.

Eheberg, K. Ph., Bäuerliche Verhältnisse in Niederbayern, Oberpfalz und dem bayrischen Franken. Schr. d. Ver. f. Soz.-Pol. Bd. 24. S. 113 ff.

Schriften des Vereins für Sozialpolitik, Bd. 32 und 33 (1887): Innere Kolonisation mit Rücksicht auf die Erhaltung und Vermehrung des mittleren und kleineren ländlichen Grundbesitzes.
Bd. 35 (1887): Der Wucher auf dem Lande.

Schreiber, Güterzertrümmerung und Abnahme der Höfe in Oberbayern. Schmollers Jahrb. Bd. 18. S. 63. 1894.

Beiträge zur Statistik des Königreichs Bayern:
Landwirtschaftliche Betriebsstatistik Bd. 51, 64, 81.
Güterzertrümmerung Bd. 59, Anhang, 66.
Zwangsveräußerungen Bd. 66.

Zeitschrift des bayrischen statistischen Landesamtes:
Güterzertrümmerung Jahrg. 1909, S. 32; 1910, S. 665; 1911, Heft 3/4; 1913, Heft 4.
Zwangsveräußerungen Jahrg. 1908, S. 253 und 421; 1909, S. 642; 1910, S. 517; 1911, Heft 3/4; 1913, Heft 4.

Fick, Ludwig, Die bäuerliche Erbfolge im rechtsrheinischen Bayern. Münch. volkswirtschaftl. Studien. 8. Stück. Stuttgart 1895.

Stenographischer Bericht der Verhandlungen der Kammer der Abgeordneten des bayrischen Landtags. 1905/06. Bd. 1 und 4; 1908, Bd. 6; 1910, Bd. 10; 1912, Bd. 2 und 3.

Verhandlungen des bayrischen Landwirtschaftsrates 1904.

Lerchenfeld-Köfering, Die Güterzertrümmerung und die Landwirtschaft.

Pfleger, Die Güterzertrümmerung in Bayern.

Stechele, J., Über die Bewegung der landwirtschaftlichen Güterpreise in der Oberpfalz. 1900—1910. München 1912.

Geisler, Privilegierte „Gemeinnützigkeit". Zur Kritik des bayrischen Güterzertrümmerungsgesetzes vom 27. VIII. 1910.

Schmelzle, Über die Wirkung des bayrischen Güterzertrümmerungsgesetzes. Verwaltung und Statistik. Jahrg. 1911 und 1912. — Annalen des Deutschen Reiches 1912.

Literatur zum Anhang.

Zahn, F., Die Statistik in Deutschland nach ihrem heutigen Stand. Ehrengabe für Georg v. Mayr. II. Bd. S. 165ff.

Bayern:

Beiträge zur Statistik des Königreichs Bayern. Heft XV. 1866, S. XXIX. (Das übrige siehe S. I.)

Braunschweig:

Zimmermann, F. W. R., Die Güterzertrümmerung im Herzogtum Braunschweig im Jahre 1896. Beiträge zur Statistik des Herzogtums Braunschweig. Heft XIV, S. 17.

Derselbe, Die Güterzertrümmerungen im Herzogtum Braunschweig im Jahrzehnt 1896—1905. Beitrag zur Statistik des Herzogtums Braunschweig. Heft XX, S. 41.

Württemberg:

Württembergisches Wochenblatt für Landwirtschaft 1908, Nr. 41; 1909, Nr. 10 und 45; 1901, Nr. 7 und 48; 1913, Nr. 2, 3 und 25.

Preußen:

Kühnert, Der Besitzwechsel land- und forstwirtschaftlicher Grundstücke in Preußen in der Zeit vom 1. April 1896 bis 31. März 1900. Zeitschr. d. Kgl. Stat. Bureaus. XLII. Jahrg. 1902, S. 1ff.

Österreich:

Mitteilungen über die Verhandlungen der Sektion für Land- und Forstwirtschaft und Montanwesen des Industrie- und Landwirtschaftsrates. 11. Tagung 1907 (S. 129ff.) und 12. Tagung 1908 (S. 115ff.).

Mischler, L. E. R., Ländliche Besitz- und Schuldverhältnisse in 27 Gemeinden Steiermarks. Statistische Mitteilungen über Steiermark. XII. Heft, IV. Abschnitt, S. 97.

Derselbe, Freiwillige Verkäufe bäuerlicher Besitzungen an Personen nichtbäuerlichen Standes in Steiermark. Statistische Mitteilungen über Steiermark. XVI. Heft, 1905, XVIII. Heft, 1907, und XXII. Heft, 1910.

Verlag Veit & Comp. Leipzig

Lith. Anst v E. A. Funke, Leipzig

Metzger & Wittig, Leipzig.

www.ingramcontent.com/pod-product-compliance
Lightning Source LLC
LaVergne TN
LVHW010545300926
849162LV00002B/243